COLLECTION MICHEL LÉVY
1 franc. 25 cent. le Volume —
PAR LA POSTE, 1 FR. 50 CENT.

COMTE AGÉNOR DE GASPARIN

UN

GRAND PEUPLE

QUI SE RELÈVE

CINQUIÈME ÉDITION

PARIS

CALMANN LÉVY, ÉDITEUR
ANCIENNE MAISON MICHEL LÉVY FRÈRES
3, RUE AUBER, ET BOULEVARD DES ITALIENS, 15
À LA LIBRAIRIE NOUVELLE

COLLECTION MICHEL LÉVY

UN

GRAND PEUPLE

QUI SE RELÈVE

CALMANN LÉVY, ÉDITEUR

OUVRAGES
DE
M. LE COMTE AGÉNOR DE GASPARIN

L'Amérique devant l'Europe. — Principes et intérêts, 2ᵉ édition. Un volume grand in-18.
Le Bonheur, 7ᵉ édition. Un volume grand in-18.
Le Bon vieux temps, 3ᵉ édition. Un volume grand in-18.
La Conscience, 5ᵉ édition. Un volume grand in-18.
Les Ecoles du doute et l'Ecole de la Foi, 3ᵉ édition. Un volume grand in-18.
L'Egalité, 4ᵉ édition. Un volume grand in-18.
L'Ennemi de la famille, 4ᵉ édition. Un volume grand in-18.
La Famille, ses devoirs, ses joies et ses douleurs, 10ᵉ édition. Deux volumes grand in-18.
La France, nos fautes, nos périls, notre avenir, 4ᵉ édition. Deux volumes grand in-18.
Un grand peuple qui se relève, 5ᵉ édition. Un vol. gr. in-18.
Innocent III, 4ᵉ édition. Un volume grand in-18.
La Liberté morale, 4ᵉ édition. Deux volumes grand in-18.
Luther et la Réforme au XVIᵉ siècle, 5ᵉ édition. Un vol. gr. in-18.
Pensées de liberté, 3ᵉ édition. Un volume grand in-18.
Paroles de vérité, 2ᵉ édition. Un volume grand in-18.

Appel au patriotisme et au bon sens. Brochure.
La Déclaration de guerre, 2ᵉ édition. Brochure.
Les Réclamations des femmes, 3ᵉ édition. Brochure.
La République neutre d'Alsace, 2ᵉ édition. Brochure.

OUVRAGES
DE L'AUTEUR DES HORIZONS PROCHAINS

Au bord de la mer, 2ᵉ édition. Un volume gr. in-18.
Bande du Jura. — Les Prouesses, 2ᵉ édition. Un vol. gr. in-18.
— Premier voyage, 2ᵉ édition. Un vol. gr. in-18.
— Chez les Allemands. — Chez nous, 2ᵉ édit. Un vol. gr. in-18.
— A Florence, 2ᵉ édition. Un volume gr. in-18.
A Constantinople, 3ᵉ édition. Un volume gr. in-18.
A travers les Espagnes, 2ᵉ édition. Un volume gr. in-18.
Camille, 3ᵉ édition. Un volume gr. in-18.
Les Horizons célestes, 9ᵉ édition. Un volume gr. in-18.
Les Horizons prochains, 8ᵉ édition. Un volume gr. in-18.
Voyage au Levant, 3ᵉ édition. Deux vol. gr. in-18.
Les Tristesses humaines, 5ᵉ édition. Un volume gr. in-18.
Vesper, 4ᵉ édition. Un volume gr. in-18.

F. Aureau. — Imprimerie de Lagny.

UN
GRAND PEUPLE
QUI SE RELÈVE

PAR

LE Cte AGÉNOR DE GASPARIN

CINQUIÈME ÉDITION REVUE ET CORRIGÉE

PARIS
CALMANN LÉVY, ÉDITEUR
ANCIENNE MAISON MICHEL LÉVY FRERES
RUE AUBER, 3, ET BOULEVARD DES ITALIENS, 15
A LA LIBRAIRIE NOUVELLE
—
1877
Droits de reproduction et de traduction réservés

PRÉFACE

DE LA DEUXIÈME ÉDITION

Je n'ai rien à changer à ces pages. Quand je les écrivais avant l'explosion de la crise américaine, je pressentais (ce n'était pas difficile) que la crise serait longue, douloureuse, qu'il y aurait des fautes et des échecs; mais je pressentais aussi qu'au travers des échecs et des fautes un immense progrès allait se faire jour. On a pris à tâche d'en douter : à l'aspect de la guerre civile et des maux qu'elle entraîne forcément, au récit d'une ou deux défaites, on s'est empressé de lever les bras au ciel et de proclamer sur tous les tons la ruine des États-Unis.

Ce n'est pas le lieu de discuter des appréciations tantôt superficielles, tantôt malveillantes, qui ont trop souvent cours au milieu de nous, d'examiner ce qu'a été, ce que doit être l'attitude de notre Europe, ce qu'est notre responsabilité, ce que sont nos intérêts et nos devoirs. Nous seuls, j'ai honte de l'avouer, nous courons risque de rendre douteux le triomphe définitif de la bonne cause ; nous n'avons pas cessé d'être, en dépit de nous-mêmes, l'unique chance et l'unique espérance des champions de l'esclavage.

Peut-être aborderai-je bientôt, dans une nouvelle étude, le grave sujet que je me borne à indiquer ici et qui préoccupe à tel point le gouvernement de Washington, qu'il semble vouloir ordonner des préparatifs de défense en vue d'un conflit contre nature entre l'Amérique libérale et nous. Tout arrive, hélas ! et l'impossible comme le reste. Il ne suffit donc pas de déclarer cela impossible et monstrueux, il ne suffit pas de constater que les dispositions actuelles de l'Europe sont loin de faire prévoir une intervention en faveur du Sud ; il faut essayer de saper par leur base de tristes sophismes plus accrédités qu'on ne l'imagine, et qui pourraient, à un moment donné, sous la pression de certains besoins industriels ou de certaines combinaisons politiques, pousser la France ou l'Angleterre dans une voie qui n'est pas la leur.

Pour aujourd'hui, je n'ai voulu que répéter, avec une conviction qui s'est affermie, ce que je disais il y a quelques mois. Je croyais alors au relèvement d'un grand peuple; maintenant j'en suis sûr.

Valleyres, 2 novembre 1861.

En publiant aujourd'hui cette étude, je m'expose au blâme des hommes prudents. On me dira qu'il eût fallu attendre.

Attendre quoi? Qu'il n'y eût plus de grandes questions en Europe pour disputer notre attention à la question d'Amérique? Ou que la question d'Amérique eût pris couleur et qu'on fût à même de savoir clairement quels intérêts elle servira, à quelles conséquences elle doit aboutir?

Je ne suis pas fâché, je l'avoue, d'applaudir au devoir avant qu'il soit recommandé par le succès. Quand le succès sera venu, il ne manquera pas de gens empressés à le célébrer, et je leur laisserai le soin de démontrer alors que le Nord a eu raison, qu'il a sauvé les États-Unis.

Faire, après coup, la philosophie des événements, c'est fort intéressant sans doute; mais l'œuvre à accomplir aujourd'hui est autrement sérieuse. Il s'agit de soutenir nos amis lorsqu'ils ont besoin de nous, lorsque leur bataille, loin d'être gagnée, est engagée à peine; il s'agit d'apporter notre appui, l'appui très-considérable de l'opinion européenne, à l'heure où il peut servir; il s'agit d'assumer notre petite part de responsabilité dans un des plus graves conflits de ce siècle.

Prenons parti, car les États à esclaves, eux, ne perdent pas leur temps. Ils ont bien mis à profit, je dois en convenir, les avantages que leur avait assurés la complicité des ministres de M. Buchanan. En face des hésitations inévitables d'un gouvernement nouveau autour duquel on avait pris soin d'accumuler à l'avance toutes les impossibilités d'agir, les allures décidées de l'extrême Sud, ses airs d'audace et de défi ont eu un certain éclat et un certain succès. Déjà ses partisans lèvent la tête; ils osent prendre, chez nous, la parole en sa faveur; ils font au libre échange l'affront de le transformer en argument destiné à servir les intérêts de l'esclavage.

Et nous resterions muets! Et nous écouterions les conseils de cette fausse

VIII

sagesse qui arrive toujours trop tard, tant elle craint de se prononcer trop tôt! Et nous ne nous sentirions pas pressés de mettre dans tout son jour la sainte cause de la liberté! Ah! je le déclare, le sang me bout dans les veines; je me suis hâté, et j'aurais voulu me hâter davantage. Ce sont des circonstances indépendantes de ma volonté qui ont retardé seules une publication préparée depuis plus d'un mois.

Orange, le 19 mars 1861.

UN GRAND PEUPLE

QUI SE RELÈVE

Le titre de cette étude va faire l'effet d'un paradoxe. L'opinion commune est que les États-Unis n'ont cessé de monter jusqu'à l'élection de M. Lincoln, et que depuis lors ils descendent. Il n'est pas difficile, et il est très-nécessaire, de montrer que cette opinion est absolument fausse. Avant la récente victoire des adversaires de l'esclavage, la Confédération américaine, en dépit de ses progrès extérieurs et de son apparente prospérité, souffrait d'un mal redoutable qui était bien près de devenir mortel ; maintenant, une opération a eu lieu, les douleurs ont augmenté, la gravité de la situation se révèle pour la première fois peut-être aux regards inattentifs. Est-ce à dire que la situation ne fût pas grave, quand elle ne paraissait pas telle? est-ce à dire qu'il faille déplorer une crise violente qui peut seule amener la guérison?

Je ne la déplore pas; je l'admire. Je reconnais, à cette énergique réaction contre le mal, la vigueur morale d'un peuple habitué aux luttes laborieuses de la liberté. Le relèvement d'un peuple, c'est un des prodiges les plus merveilleux et les plus rares que présentent les annales de l'humanité. D'ordinaire, les nations qui se mettent à fléchir fléchissent toujours de plus en plus; il faut une rare puissance de vie pour se redresser et pour arrêter dans son cours une décadence commencée.

Nous avons une étrange manière de seconder la généreuse entreprise où les États-Unis sont entrés avec tant de courage! Nous ne leur prophétisons que des malheurs; nous leur déclarons presque qu'ils ont cessé d'exister; nous leur faisons entendre qu'en élisant M. Lincoln ils ont renoncé à leur grandeur, qu'ils se sont précipités tête baissée dans un abîme, qu'ils ont ruiné leur prospérité, sacrifié leur avenir, rendu désormais impossible le rôle magnifique qui leur était réservé. M. Buchanan, semblons-nous leur dire, est le dernier président de l'Union.

C'est là, Dieu merci! le contraire de la vérité. Naguère encore, les États-Unis marchaient à leur ruine; naguère, on avait de quoi se lamenter en pensant à eux, on pouvait compter les pas qu'il leur restait à faire pour achever de lier leur destinée à celle d'une institution maudite et qui doit périr, d'une institution qui corrompt et perd tout ce qu'elle touche. Aujourd'hui, de nouvelles perspectives se sont ouvertes : il y aura à combattre, à travailler, à souffrir ; on ne répare pas en un jour le crime d'un siècle, on ne rentre pas sans efforts dans la voie droite abandonnée depuis longtemps, on ne brise pas sans sacrifices de coupables traditions et de vieilles complicités ; il n'en est pas moins vrai cependant que l'heure de l'effort et du sacrifice est, si douloureuse soit-elle, l'heure même de la délivrance. L'élection de M. Lincoln sera une des grandes dates de l'histoire américaine ; elle clôt le passé, mais elle ouvre l'avenir ; avec elle va commencer, pour peu que le même esprit se maintienne et que des concessions excessives ne réussissent pas à défaire ce qui a été fait, une ère nouvelle, plus pure à la fois et plus grande que celle qui vient de finir.

Qu'on m'accuse d'optimisme, j'y consens volontiers. Je crois que l'optimisme a souvent raison ici-bas. Nous avons besoin d'espérance, nous avons besoin de recevoir quelquefois de bonnes nouvelles, nous avons besoin de voir quelquefois le beau côté des choses. Le beau côté est souvent le côté vrai; si l'amour a un bandeau, j'aperçois un triple bandeau sur les yeux de la haine. La bienveillance a ses priviléges, et je ne crois pas être moins bien placé qu'un autre pour juger les États-Unis, parce qu'ils m'inspirent une sérieuse sympathie, parce que, après avoir gémi de leurs fautes et tremblé de leurs périls, j'ai joyeusement salué la politique noble et virile dont l'élection de M. Lincoln est le symptôme. N'est-il pas vrai qu'à la première nouvelle, il nous a semblé à tous que nous aspirions une bouffée d'air pur et libre, venue de par delà l'Océan?

C'est une jouissance, en un temps comme le nôtre, de sentir que certains principes vivent encore, qu'ils se font obéir coûte que coûte, que les questions de conscience peuvent encore balancer parfois les questions de profit. L'abolition de l'esclavage sera, je l'ai toujours pensé, la conquête principale du xixe siècle ; ce sera sa recommandation aux yeux de la postérité et la compensation de beaucoup de faiblesses. Pour nous, vieux soldats de l'émancipation, qui, depuis vingt ans et plus, avons combattu pour elle, à la tribune ou ailleurs, il nous sera permis sans doute de voir dans le triomphe de nos amis d'Amérique autre chose qu'un sujet de lamentation.

CHAPITRE Ier

L'ESCLAVAGE AMÉRICAIN

CHAPITRE Iᵉʳ

L'ESCLAVAGE AMÉRICAIN

S'ils n'avaient pas triomphé, savez-vous qui aurait remporté la victoire? L'esclavage n'est qu'un mot, un vilain mot, sans doute, mais auquel on finit par s'habituer. A quoi ne s'habitue-t-on pas! Nous avons des trésors d'indulgence et d'indifférence pour les iniquités sociales qui sont entrées dans le courant de la civilisation contemporaine et qui peuvent invoquer la prescription. Aussi en sommes-nous venus à parler de l'esclavage américain avec un parfait sang-froid. Il ne faut donc pas s'arrêter au mot, il faut aller jusqu'à la chose; et la chose, la voici :

Tous les jours, dans tous les États du Sud, on vend des familles en détail : à celui-ci le père, à celui-là la mère, à celui-ci le fils, à celui-là la jeune fille ; et le père, la mère, les enfants, sont dispersés aux quatre vents des cieux, et ces cœurs saignent, et ces pauvres êtres sont jetés en proie à l'infamie et à la douleur, et ces mariages sont brisés, et des liens adultères se forment à vingt lieues, à cent lieues de là, au sein et avec l'assentiment d'une société chrétienne. Tous les jours aussi, la traite intérieure poursuit son œuvre ; les marchands de chair humaine remontent le Mississipi ; ils vont chercher dans les États *producteurs* de quoi combler les vides que l'esclavage ne cesse de creuser dans les États *consommateurs;* ils font leur remonte (passez-moi l'expression); ils parcourent les fermes de la Virginie ou du Kentucky, achetant là un garçon, là une fille; et d'autres cœurs sont déchirés, d'autres familles sont dispersées, d'autres crimes sans nom sont accomplis froidement, simplement, légalement; c'est le revenu nécessaire des uns, c'est l'approvisionnement indispensable des autres : ne faut-il pas que le Sud vive, et comment ose-t-on travestir des faits si simples? de quel droit écrit-on cette éloquente calomnie qu'on nomme *la Case de l'Oncle Tom?*

Une calomnie! Je me demande comment on s'y prendrait pour calomnier les usages que je viens de décrire. Dites alors que les lois du Sud sont une calomnie, que les actes officiels du Sud sont une calomnie; car, je le déclare, la simple lecture de ces actes et de ces lois, un coup d'œil jeté sur les annonces d'un journal du Sud, serrent plus le cœur et contristent plus la conscience que les pages les plus poignantes de madame Beecher-Stowe. J'admets volontiers qu'il y a beaucoup de maîtres très-doux et très-bons, j'admets qu'il y a des esclaves relativement heureux; j'écarte sans hésiter les récits de cruauté exceptionnelle; il me suffit de voir que ces *heureux* esclaves s'exposent à mille morts pour échapper à une situation qu'on déclare « préférable à celle de nos ouvriers; » il me suffit d'entendre les cris déchirants de ces femmes et de ces filles qui, adjugées au plus offrant et dernier enchérisseur, deviennent, de par la loi et en pays chrétien, oui, deviennent la propriété (passez-moi le mot, c'est le mot vrai) des débauchés qui en font l'emplette. Et remarquez qu'ici les vertus du maître sont une faible garantie; il peut mourir, il peut être obéré, et rien alors ne saurait empêcher que ses esclaves ne soient débités un à un aux mains de l'acheteur qui bat le pays et qui fait ses choix.

On calomnierait le Sud, si l'on s'amusait à faire une collection d'actes atroces, de même qu'on calomnierait la France, si l'on allait chercher dans la *Gazette des Tribunaux* la description de notre état social. Il y a cependant cette différence entre les iniquités de l'esclavage et les nôtres, que les premières sont presque toujours impunies, tandis que les secondes sont réprimées par les tribunaux. Une institution qui permet le mal, le crée dans une large mesure; en disant que des hommes sont des choses, elle engendre forcément plus de crimes, plus d'abus de pouvoir, plus de violences, plus de lâchetés que l'imagination des romanciers n'en inventera jamais. Quand une classe n'a le droit ni de se plaindre, ni de se défendre, ni de témoigner en justice ; quand sa voix ne peut se faire entendre d'aucune façon, il est permis de ne pas prendre au sérieux les idylles qu'on nous récite sur sa félicité. Il faudrait ignorer à la fois le cœur de l'homme et l'histoire, pour conserver le moindre doute sur ce point. J'ajoute que ceux qui, comme moi, ont manié de leurs mains les dossiers de notre esclavage colonial, sont devenus terriblement soupçonneux et risquent de considérer d'un œil sceptique ces descriptions arcadiennes dont ils ont pu apprécier la valeur.

Encore un coup, je ne conteste pas l'humanité de beaucoup de maîtres, mais je me rappelle qu'il y avait aussi des maîtres humains à la Martinique, à la Guadeloupe et à Bourbon ; ce qui n'empêchait pas que l'on ne découvrît, en y regardant de près, tantôt les excès aussi effroyables qu'inévitables du pouvoir discrétionnaire, tantôt une dépravation systématique, et cela à un point tel, que, dans une de nos colonies, l'usage des unions régulières était devenu absolument étranger aux esclaves.

Je ne peux pas m'empêcher de croire que l'homme est le même partout. Jamais, dans aucun temps et sous aucune latitude, il ne lui a été donné de posséder son semblable, sans qu'il en résultât pour l'un et pour l'autre d'épouvantables malheurs. N'a-t-on pas célébré la douceur ravissante de l'esclavage espagnol à Cuba? Les voyageurs hébergés par les créoles en revenaient ordinairement ravis. Et, toutefois, il se trouve que, lorsqu'on quitte les villes pour pénétrer jusqu'aux plantations, on découvre l'exploitation la plus barbare qui existe dans le monde entier. Cuba dévore si rapidement sa population noire, qu'il est sans cesse obligé d'acheter des nègres de traite, et ceux-ci, une fois dans l'île, n'ont devant eux qu'une vie moyenne qui n'excède pas dix années !

Aux États-Unis, les planteurs de l'extrême Sud sont obligés de renouveler aussi leurs approvisionnements de nègres ; mais, comme ils s'adressent à la traite intérieure, non à la traite africaine, et comme la traite intérieure fournit des esclaves d'un prix excessif, il en résulte que des motifs d'intérêt s'opposent à l'adoption du système destructeur de Cuba ; d'autres motifs plus élevés s'y opposent aussi, j'en suis certain, et je n'ai garde de comparer le régime de la Louisiane ou des Carolines à celui qui règne dans les districts ruraux de l'île espagnole. N'exagérons rien, néanmoins ; et, quelles que soient les différences, tenons pour certain que les ressemblances sont plus nombreuses encore : c'est le même arbre, il doit porter les mêmes fruits.

Il faut bien le déclarer en outre, l'esclavage est particulièrement odieux sur cette terre où l'égalité des hommes a été inscrite avec tant d'éclat en tête d'une célèbre constitution. Liberté oblige; il y a, au fond de la conscience humaine, quelque chose qui fait que l'esclavage sera toujours plus scandaleux à Washington qu'à la Havane. On dénoncera plus violemment, plus bruyamment ce qui se passe aux États-Unis, que ce qui se passe sous l'autorité de l'Espagne ou du Brésil ; et on aura raison.

Cela dit, je m'arrête ; je n'ai pas la moindre envie d'introduire ici une discussion parfaitement superflue sur le principe de l'esclavage et sur ses conséquences. Je sais tout ce que l'Amérique nous objecte, à nous Européens. — C'est nous, Français, Anglais, Espagnols, Hollandais, qui lui avons imposé cette institution qu'il nous plaît de combattre, cet héritage que nous maudissons! Avant d'attaquer l'esclavage, nous ferions bien de nous occuper de nos propres crimes, l'écrasement des faibles dans nos manufactures, par exemple! Mais ces arguments par représailles ont le tort de ne rien prouver du tout. Laissons-les; nous en avons assez dit sur la nature de l'esclavage américain; avançons vers le but spécial de notre étude.

CHAPITRE II

OÙ L'ON ALLAIT AVANT L'ÉLECTION DE M. LINCOLN

CHAPITRE II

OU L'ON ALLAIT AVANT L'ÉLECTION DE M. LINCOLN

J'ai parlé des périls immenses que couraient les États-Unis avant l'élection de M. Lincoln. Le moment est venu d'entrer dans quelques détails et de justifier cette proposition, qui a dû paraître étrange à première vue, mais dont j'ai pesé les termes : Si le parti de l'esclavage avait encore remporté une victoire, les États-Unis allaient à leur perte. — Voici les faits :

Autrefois, il n'y avait pas deux opinions parmi les Américains au sujet de l'esclavage. Les hommes du Sud pouvaient le considérer comme un mal nécessaire ; en tout cas, ils le considéraient comme un mal. La Caroline elle-même avait noblement résisté à son introduction sur son territoire ; d'autres colonies en avaient fait autant. Washington inscrivait dans son testament le vœu qu'une institution si funeste pût être promptement supprimée. Parquer l'esclavage, empêcher son extension, le réduire au rôle d'un fait local et temporaire qu'on est décidé à restreindre toujours plus, tel était le sentiment qui régnait au Sud comme au Nord. Et en effet, l'esclavage avait été bientôt aboli par la majorité des États composant l'Union. — Aujourd'hui, l'esclavage est devenu une institution bienfaisante, évangélique, la pierre de l'angle des républiques, le fondement de toutes les libertés ; il est devenu une source de bénédictions pour les noirs et pour les blancs. Non-seulement on ne doit pas songer à réduire le nombre des États à esclaves, mais il importe de l'accroître incessamment ; interdire à l'esclavage l'entrée d'un territoire nouveau, c'est presque une iniquité. Telles sont les théories proclamées par les gouverneurs, par les législatures des États à coton ; elles se produisent carrément, sans scrupules et sans ambages, à titre d'axiomes politiques, que dis-je ! d'axiomes moraux et chrétiens. Pour ces théories on prend feu, on s'exalte, on éprouve l'enthousiasme qu'inspirait à d'autres époques l'amour de la liberté. Voici des populations entières qui, sous le regard de Dieu et en invoquant son appui, sincères, oui, sincères dans leur égarement, se dévouent corps, âmes et biens, à la *sainte* cause de l'esclavage, de ses conquêtes, de son extension indéfinie, de sa traite intérieure et africaine.

Et les conquêtes de l'esclavage ne figurent pas seulement dans les programmes, elles se poursuivent et s'accomplissent effectivement sur le sol de l'Amérique. En plein XIX° siècle, le Texas libre a été transformé en une terre à esclaves. Créer d'autres pays à esclaves, tel est le but qu'on se propose ; et les pays à esclaves se multiplient, et le Sud ne tolère pas le moindre obstacle opposé à ces conquêtes d'un nouveau genre, et il va de l'avant, et rien ne l'arrête... Je me trompe, l'élection de M. Lincoln l'a arrêté, et c'est pour cela qu'éclate aujourd'hui sa fureur.

On serait furieux à moins. Tout allait si bien jusqu'alors ! Le Sud parlait en maître, agissait en maître ; et le Nord courbait humblement la tête devant ses impérieuses volontés. Ses exigences grandissaient de jour en jour, et il n'était pas malaisé de voir à quels abîmes il conduisait l'Union américaine tout entière. Veut-on se faire une idée de ce crescendo de prétentions ?

Contentons-nous de remonter à la dernière guerre du Mexique et au *proviso Wilmot*. C'était, comme on sait, une mesure (ou *proviso*) qui stipulait que l'esclavage ne pourrait être introduit dans les provinces conquises. Voilà le point de départ. On voulait alors, en 1847, prévenir l'extension territoriale de l'esclavage ; il me semble que c'était assez raisonnable, et je ne suis pas étonné que le programme Lincoln tende à revenir simplement à cette politique primitive.

La mesure avait passé dans la chambre des représentants ; mais elle avait échoué dans le Sénat. Cependant le peuple américain tient ferme à ce principe, que l'esclavage ne doit plus s'étendre désormais ; il nomme, en 1848, l'honnête administration du général Taylor. Il semble que la cause de la justice va triompher, quand la mort du président Whig, remplacé par le faible M. Fillmore, vient rendre leurs chances aux hommes du Sud; le *proviso* est oublié, et l'on finit par adopter, de guerre lasse, une série de tristes compromis.

A partir de ce moment, les progrès du mal ont été rapides. Parmi les compromis, le plus ancien et le plus respecté (il remontait à 1820) était celui qui portait le nom de *compromis du Missouri*. En admettant le Missouri comme État à esclaves, on avait stipulé que l'esclavage ne serait plus introduit au nord du 36° degré. Cette limite, si longtemps acceptée, le Sud s'en plaint maintenant; il ne veut plus qu'on gêne en rien le développement de son « institution particulière. » Autres combats, autre victoire : un bill proposé par M. Douglas annule le compromis du Missouri, et, s'appuyant sur le principe des souverainetés locales, retire au Congrès le droit d'intervenir dans la question de l'esclavage.

Que se passe-t-il alors? Les partisans de l'esclavage, que rien n'arrête plus, ni limite au nord ni limites au sud, ni provisos ni compromis, rencontrent, à leur grand scandale, un obstacle d'une tout autre nature. La souveraineté locale qu'ils avaient invoquée se tourne contre eux; sur le territoire du Kansas, la majorité vote l'exclusion de l'esclavage. — Aussitôt les hommes du Sud changent de théorie; contre la souveraineté locale, ils invoquent le pouvoir central; ils demandent, ils exigent qu'on foule aux pieds dans le Kansas les décisions de la majorité; ils mettent en avant le droit naturel de l'esclavage. Pourquoi les empêcherait-on de s'établir sur un territoire avec leurs esclaves, leur propriété? Lorsque ce territoire se transformera plus tard en État, il aura sans doute le droit de trancher la question ; mais abolir l'esclavage, c'est autre chose que de l'exclure !

Si le Sud, cette fois, n'eut pas gain de cause, ce ne fut pas la faute du gouvernement des États-Unis, ce fut celle des habitants du Kansas. Pour M. Buchanan, il s'était montré ce qu'il a été constamment, le très-humble serviteur du parti de l'esclavage. Ils vinrent se heurter ensemble contre la souveraineté du pionnier (*squatter sovereignty*), ils trouvèrent pour la première fois devant eux cette solide résistance de l'Ouest qui s'est manifestée dans la dernière élection et qui, je l'espère fermement, va sauver l'Amérique. Mais, en attendant, ils avaient fait un nouveau pas en avant, pas formidable et qui les introduisait au sein même des États libres; ils avaient obtenu un arrêt de la Cour suprême, l'arrêt Dred-Scott. — Dans les considérants de cette décision trop célèbre, le pouvoir judiciaire le plus élevé de la Confédération ne craignait pas de proclamer deux principes : d'abord il n'y a pas de différence entre un esclave et tout autre genre de propriété, ensuite tous les citoyens américains peuvent s'établir partout avec leurs propriétés.

Quelle menace pour les *free-soilers!* Comme il était aisé de voir jusqu'où le Sud ne tarderait pas à aller ! Puisque l'esclavage constituait une propriété comme une autre, il fallait défendre à la majorité de le proscrire dans les États aussi bien que dans les territoires. Qui sait si l'on ne verrait pas un jour des esclaves et même des marchés à esclaves (le droit de propriété emporte le droit de vente) dans les rues mêmes de Philadelphie ou de Boston !

Qu'on ne se récrie pas : ceux qui ont réclamé et ceux qui ont rédigé l'arrêt Dred-Scott savaient probablement ce qu'ils voulaient faire. Avec le droit de propriété ainsi conçu, aucun État n'a le pouvoir ni de voter l'abolition réelle de l'esclavage, ni de refuser l'introduction des esclaves, ni de refuser leur extradition. Et effectivement, des lois horribles ordonnant de livrer les esclaves fugitifs avaient été accordées aux réclamations violentes du Sud ; la liberté par le contact du sol, cette grande maxime de notre Europe, était interdite à l'Amérique ; les États mêmes qui détestaient le plus l'esclavage étaient condamnés à assister, indignés et frémissants, à l'invasion fédérale d'un shérif venant mettre la main chez eux sur un pauvre noir qui avait cru à leur hospitalité et qu'on allait livrer au fouet des planteurs.

C'était beaucoup demander à la patience du Nord, et cependant cette patience n'était pas encore à bout. Les administrations étaient livrées en proie à la volonté des hommes du Sud. Sur leur défense, la poste cessait d'apporter les livres, les journaux, les lettres qui excitaient leurs soupçons. Ils avaient mis la main sur la politique de l'Union, et ils la gouvernaient à leur gré. Personne n'a oublié ces entreprises favorisées en dessous, puis désavouées après l'insuccès, ces expéditions de flibustiers dans l'Amérique centrale et dans l'île de Cuba. C'était la politique du Sud que M. Buchanan exécutait avec sa docilité accoutumée. Il s'agissait de faire des conquêtes, et des conquêtes pour l'esclavage. Par tous les moyens et à tout prix, le Sud devait se procurer de nouveaux États ; Cuba en aurait fourni quelques-uns, on en aurait découpé plusieurs dans le Mexique et dans l'Amérique centrale ; il le fallait, car autrement les majorités de l'esclavage auraient été compromises au Congrès et l'esclavage aurait dû renoncer pour toujours à élire les présidents de la libre Amérique. Afin d'éviter un tel malheur, il n'est rien qu'on ne fût prêt à tenter.

Ainsi, de progrès en progrès et d'exigences en exigences, renversant les unes après les autres toutes les barrières, le proviso Wilmot, le compromis du Missouri, le droit des majorités dans les territoires, la souveraineté même des États annulée par l'arrêt Dred-Scott, le Sud en était venu à entraîner les États-Unis jusqu'à ces pratiques de politique violente et malhonnête qui ont rempli l'administration de M. Buchanan. Les barrières de la probité publique et du droit des gens cédaient à leur tour; on osait écrire officiellement que l'acquisition de Cuba était une nécessité pour les États-Unis et que l'affranchissement des esclaves à Cuba serait une cause légitime de guerre. On attelait les États-Unis au char de l'esclavage : faire des États à esclaves, conquérir des territoires pour l'esclavage, empêcher l'affreux malheur d'une abolition de l'esclavage, tel était le programme. Dans les négociations, dans les élections, on n'apercevait plus que cela. Si l'on revendiquait fièrement la liberté des mers et l'indépendance du pavillon, c'était sur l'ordre du Sud, et il en résultait, qu'on le voulût ou non, une résurrection progressive de la traite africaine; si l'on recommandait les candidats favorables au maintien de l'Union, c'était pour assurer les conquêtes de l'esclavage au dedans et au dehors, l'invasion des pays voisins, l'extradition des noirs fugitifs, l'asservissement des majorités rebelles au Sud, la suppression des lois désagréables au Sud, le renversement des derniers obstacles qui entravaient les progrès du Sud.

Et c'était jusque-là, jusqu'à ce degré de désordre et d'abaissement, qu'un noble peuple était entraîné depuis bien des années, s'enfonçant toujours davantage, abandonnant une à une ses garanties, perdant ses titres à l'estime des autres nations, s'approchant de l'abîme, voyant venir l'heure où le relèvement sera impossible, attirant sur lui les malédictions, forçant ceux qui l'aiment à méditer cette parole d'un de ses chefs les plus illustres : « Je tremble pour mon pays, quand je me rappelle que Dieu est juste ! »

Tout cela sous l'influence tyrannique et impitoyable d'une minorité constamment transformée en majorité. Figurez-vous sur un vaisseau un homme debout près de la sainte-barbe, avec une mèche allumée; il est seul, mais on lui obéit, car, à la première désobéissance, il se fera sauter avec tout l'équipage. Voilà précisément ce qui se passait en Amérique depuis qu'elle allait à la dérive. La manœuvre était commandée par l'homme qui tenait la mèche. « A la première désobéissance, nous vous quittons. » Tel a été de tout temps le langage des États du Sud. On les savait capables de tenir parole : aussi n'y avait-il plus qu'un argument en Amérique, la scission. « Révoquez le compromis, sinon la scission; modifiez la législation des États libres, sinon la scission; courez avec nous les aventures et entreprenez des conquêtes pour l'esclavage, sinon la scission; enfin et par-dessus tout, ne vous permettez jamais d'élire un président qui ne soit pas notre candidat, sinon la scission. »

Ainsi parlait le Sud, et le Nord se soumettait. Ne nous en étonnons pas trop, il y avait du patriotisme dans cette faiblesse ; beaucoup de citoyens, ennemis de l'esclavage, renonçaient à combattre ses progrès afin d'éviter ce qui leur paraissait être un plus grand mal. On descend vite sur de telles pentes, et la déplorable présidence de M. Buchanan est là pour en témoigner. La politique des États-Unis était devenue suspecte, même à leurs amis les plus dévoués; leur bonne renommée s'en allait ; leur cause se confondait toujours davantage avec celle de la servitude ; leurs libertés étaient compromises, et, devant « l'institution » du Sud, les institutions fédérales fléchissaient ; plus de droits de la majorité devant « l'institution ; » plus de souveraineté des

États devant « l'institution. » La politique à outrance de M. Buchanan avait convoité Cuba, essayé la violence dans le Kansas, livré enfin le gouvernement de l'Amérique à un cabinet tel, qu'il s'y est presque trouvé une majorité l'autre jour pour désavouer le major Anderson et ordonner l'évacuation des forts de la Confédération menacés par les milices caroliniennes !

Pendant ce temps, un fait incroyable s'était produit. — C'était une des gloires de l'Amérique d'avoir aboli la traite africaine avant tous les autres peuples et de l'avoir même assimilée au crime de piraterie. Le Sud avait ouvertement réclamé le rétablissement d'un négoce qui seul pourra lui fournir quelque jour un nombre de noirs proportionné à ses vastes desseins. Qu'avait fait M. Buchanan? Il n'avait pu, sans doute, consentir officiellement à une énormité que le

Congrès n'aurait d'ailleurs pas tolérée; mais la répression était devenue si molle sous son administration, que la liste des vaisseaux négriers équipés dans les ports des États-Unis avait fini par être fort considérable. A lui seul, le port de New-York, qui ne participe que trop aux méfaits et aux tendances du Sud, a équipé quatre-vingt-cinq vaisseaux de traite entre le mois de février 1859 et le mois de juillet 1860. Ces vaisseaux de traite ont promené fièrement le pavillon des États-Unis à travers l'Océan et défié les croiseurs anglais. Pour ce qui est des croiseurs américains, M. Buchanan avait pris soin de les éloigner de Cuba, où chacun sait qu'ils amènent leurs cargaisons vivantes. Le commerce de traite est donc en pleine prospérité, quoi qu'en dise le dernier message présidentiel; et, quant à l'application des lois sur la piraterie, je ne vois pas qu'elle ait fait beaucoup de victimes.

Nous pouvons mesurer maintenant les périls qui menaçaient les États-Unis. Ce n'était pas telle ou telle mesure en particulier, c'était un ensemble de mesures toutes dirigées vers le même but et qui se complétaient réciproquement : conquêtes, traite intérieure et extérieure, renversement des quelques barrières qui s'opposaient à l'extension de l'esclavage, abaissement des institutions, intronisation définitive d'une politique d'aventures, d'une politique sans principes et sans scrupules, voilà où l'on marchait à grands pas. Ceux qui lèvent les bras au ciel parce que l'élection de M. Lincoln a fait éclater une crise inévitable se figuraient-ils donc que la crise aurait été moins sérieuse si elle avait éclaté quatre ans plus tard, quand le mal aurait été sans remède ? Déjà les cinq cent mille esclaves du siècle dernier ont fait place à quatre millions ; fallait-il attendre qu'il y en eût vingt millions et que d'immenses territoires, absorbés par la puissance américaine, eussent été peuplés de noirs arrachés à l'Afrique? Fallait-il attendre le temps où le Sud serait décidément devenu la partie importante de la Confédération, et où le Nord, forcé de se séparer, aurait laissé à d'autres le nom, le prestige, le drapeau des États-Unis? Se figure-t-on, par hasard, qu'avec la suprématie du Sud, avec ses conquêtes, avec le développement monstrueux de son esclavage, la scission eût pu être évitée? Non, elle aurait apparu quelque jour comme un fait nécessaire; seulement, elle se serait accomplie sous d'autres auspices et dans d'autres conditions. Cette scission-là, c'était la mort, une mort honteuse.

Et l'esclavage lui-même, qui donc s'imagine qu'il puisse être immortel? On aura beau l'étendre, il périra au sein de ses conquêtes et par ses conquêtes : on peut prédire cela sans être prophète. Mais, entre la suppression de l'esclavage telle que nous pouvons espérer qu'elle aura lieu une fois et celle que nous aurions été forcés de craindre dans le cas où le Sud l'aurait emporté encore, il y a la distance qui sépare une crise difficile d'une épouvantable catastrophe. Le Sud ne sait pas à quelles misères sans nom il vient peut-être d'échapper! S'il avait eu le malheur de vaincre, s'il avait eu le malheur d'exécuter ses plans, de créer des États à esclaves, de recruter des nègres d'Afrique, il aurait certainement préparé de ses mains une de ces calamités sanglantes devant lesquelles recule l'imagination, il se serait fermé à lui-même toute chance de salut.

Certes, il n'est pas possible de mettre un terme à certains crimes en évitant tout à fait le châtiment ; il y aura toujours quelque chose à souffrir pour délivrer la Confédération américaine de l'esclavage, et il dépend encore aujourd'hui des États du Sud d'aggraver, dans une mesure effrayante, les douleurs de la transition. Néanmoins, ce qui n'était pas possible avec l'élection de M. Beckinridge ou de M. Douglas est devenu possible avec l'élection de M. Lincoln; il est permis d'espérer désormais le relèvement d'un grand peuple.

CHAPITRE III

CE QUE SIGNIFIE L'ÉLECTION DE M. LINCOLN

CHAPITRE III

CE QUE SIGNIFIE L'ÉLECTION DE M. LINCOLN

Je crois avoir justifié la pensée fondamentale de cet écrit et le titre que je lui ai donné. Si la politique de l'esclavage avait remporté un nouveau triomphe; si le Nord n'avait élu son président, le premier qui lui ait appartenu en plein depuis que la Confédération existe; si la suprématie ne s'était mise enfin du même côté que la force et la justice, cet équilibre instable aurait eu son heure d'écroulement : et quel écroulement ! De tant de vraies libertés, de tant de progrès, de tant de nobles exemples, que serait-il resté debout ? La scission du Sud n'est pas la scission du Nord ; l'affranchissement avec quatre millions d'esclaves n'est pas l'affranchissement avec vingt millions ; la crise de 1861 n'est pas celle de 1865 ou de 1869. On vient, je le répète avec une conviction profonde et réfléchie, on vient de sauver les États-Unis.

Il y a des gens qui demandent gravement si les électeurs de M. Lincoln ont un plan tout prêt pour opérer l'abolition de l'esclavage. — Répondons qu'il n'est pas question de cela. Parmi les hommes influents et sérieux du parti vainqueur, on n'en citerait pas un qui songeât à proposer un plan quelconque d'émancipation. On s'est proposé une seule chose : arrêter les conquêtes de l'esclavage. Qu'il ne s'étende pas, qu'il s'enferme dans ses limites actuelles, c'est tout ce qu'on veut aujourd'hui. Le programme des fondateurs de la Confédération est redevenu celui de leurs successeurs ; et à ce programme, qu'y a-t-il à objecter ? La souveraineté des Etats n'est-elle pas respectée ? ne demeurent-ils pas maîtres de régler ce qui les concerne ? ne conservent-ils pas le droit d'ajourner, autant qu'ils le jugeront convenable, la solution d'un redoutable problème ? Cette solution ne pourra-t-elle pas être méditée et préparée par ceux qui en connaissent le mieux les éléments ?

L'affaire est certes plus compliquée et plus difficile qu'on ne le pense en général. Si nous avions l'imprudence d'y toucher du bout du doigt, on aurait le droit de nous blâmer. Ici les voies sommaires ne sont évidemment pas de mise. Il faut que le temps et l'esprit chrétien fassent peu à peu leur œuvre; ils la feront, soyez-en sûrs, pourvu que le mal soit circonscrit, pourvu que le foyer de l'incendie soit cerné et ne puisse s'étendre désormais.

Or, tel est le grand résultat acquis par l'élection de M. Lincoln; elle n'est que cela, mais elle est tout cela; c'est la prudence dans le présent, et c'est aussi la certitude du succès dans l'avenir. Il n'y a point d'affranchissement décrété, il n'y en aura peut-être pas de longtemps; et, toutefois, le principe de l'affranchissement est posé, irrévocablement posé aux yeux de tous. L'irrévocable a une prodigieuse puissance sur nos âmes : sans que nous nous en rendions compte, nous lui faisons sa place, nous arrangeons en vue de lui notre conduite, nos plans et jusqu'à nos doctrines. Une fois bien convaincu que ses propagandes sont arrêtées, que l'avenir qu'il rêvait n'a plus de chances, le Sud lui-même s'habituera à considérer sa destinée sous un aspect tout nouveau. Les États intermédiaires chez lesquels l'émancipation est aisée se rangeront les uns après les autres du côté de la liberté. Ainsi l'étendue du mal se réduira d'elle-même, et, tandis qu'on ne cessait de marcher depuis quelques années vers un développement colossal de la servitude, on avancera dans le sens de son atténuation graduelle.

Je raisonne dans l'hypothèse du maintien définitif de l'Union, quels que puissent être les incidents de scission temporaire. Il est d'autres hypothèses, je ne l'ignore pas, qui semblent pouvoir se réaliser, et j'aurai à les examiner dans la suite de cette étude; mais, quoi qu'il arrive, j'ai bien le droit de rappeler quelle est la portée réelle du vote qui vient d'avoir lieu. Il n'implique pas la moindre pensée d'émancipation actuelle, il se contente d'arrêter les progrès de l'esclavage, et, arrêter ses progrès, c'est diminuer sans doute les périls de son abolition future.

Il importait de présenter cette observation, car rien ne fausse plus nos jugements sur la crise américaine que les définitions inexactes qu'on donne de l'abolitionisme. Nous nous représentons volontiers les abolitionistes comme des insensés qui veulent arriver à leur but sur-le-champ, sans rien ménager, au travers du sang et des ruines! Qu'il y en ait de tels, c'est possible, c'est même inévitable; mais les hommes qui exercent quelque influence politique ou religieuse sur le Nord n'ont pas un instant adopté de pareilles théories. Cela est si vrai, que l'autre jour, à Boston, le peuple lui-même (le peuple qui a nommé M. Lincoln) a dispersé une réunion où l'on prétendait discuter des plans d'émancipation immédiate.

Que l'abolitionisme d'ailleurs soit un parti, qu'il emploie les moyens à l'usage des partis, qu'il ait ses journaux, ses publicistes, ses orateurs, qu'il cherche des alliés, qu'il s'appuie sur des intérêts qui peuvent lui donner la majorité, qu'il fasse appel aux passions du Nord comme le parti de l'esclavage fait appel à celles du Sud, en vérité, je ne vois pas pourquoi l'on s'en étonnerait. Je suis loin de croire que tous les actes de l'abolitionisme soient dignes d'approbation; je dis seulement qu'il serait puéril de répudier un grand parti, par cela seul qu'il a les allures d'un parti. Le devoir des citoyens, dans les pays libres, est d choisir entre les partis et de marcher avec celui dont la cause est sainte et juste.

Qu'on proteste contre les mauvais moyens, qu'on refuse de s'y associer, rien de mieux ; mais qu'on se retire dans une sorte de thébaïde politique parce que les plus nobles partis ont des taches sur leur drapeau, en vérité, c'est tourner le dos aux obligations civiles de la vie telle qu'elle est.

L'abolitionisme est un noble parti. Plusieurs de ses champions ont donné leur vie pour propager leur foi. Naguère encore, les journaux du Texas prenaient la peine de nous apprendre qu'on venait d'en pendre plusieurs ; et, sans parler même de ces nobles victimes dont la mort achève de déshonorer la cause du Sud, y a-t-il dans l'histoire des hommes beaucoup d'actes plus énergiques que celui de ces citoyens de la Nouvelle-Angleterre, qui, pour arracher le Kansas à l'esclavage, sont allés y bâtir leurs chaumières, affrontant une lutte redoutable, non-seulement contre les propriétaires d'esclaves, mais contre le président, ses mesures illégales et les troupes chargées de les appuyer?

Pour vaincre, il faut combattre; c'est ce que semblent avoir peu compris ceux qui reprochent à l'abolitionisme d'avoir été un parti militant; à les entendre, le vrai moyen d'amener l'abolition de l'esclavage, c'était de s'abstenir; en l'attaquant, on l'a exaspéré.

Cet argument a le malheur d'être au service de toutes les mauvaises causes. Je me rappelle que, lorsqu'on prenait des mesures contre la traite, nous entendions dire que l'on ajoutait ainsi aux souffrances des esclaves, et qu'on *exaspérait* les négriers. Plus tard, lorsque nous signalions à l'indignation du monde entier l'intolérance protestante de la Suède, on nous écrivait que ces dénonciations publiques faisaient reculer la question, bien loin de la faire avancer. Nous avons persévéré, et nous avons bien fait : la Suède s'avance, quoique à pas trop lents, vers la liberté religieuse. Il serait difficile de citer des iniquités sociales qui se soient réformées d'elles-mêmes, et, depuis que le monde existe, la méthode qui consiste à attaquer ce qui est mal a eu pour elle la sanction du succès. En Amérique même, les progrès que font les États intermédiaires ne semblent pas confirmer ce qu'on nous dit de la réaction causée par les agressions de l'abolitionisme. Dans la Virginie, dans le Kentucky, dans le Missouri, dans le Delaware, etc., le parti de la liberté n'a cessé de gagner du terrain, et les voix recueillies par M. Lincoln dans ces États à esclaves prouvent qu'on se trompe fort en supposant que l'abstention soit la condition du progrès. Plût à Dieu qu'on ne se fût pas abstenu, lorsqu'on a fondé la république des États-Unis! Alors l'abolition était facile, les esclaves étaient en petit nombre et aucun antagonisme vraiment redoutable n'était en jeu. Par malheur, la fausse prudence fit entendre sa voix, on résolut de se taire et de ne pas enlever au Sud l'honneur d'une émancipation spontanée, de réserver enfin la question à l'avenir : l'avenir a plié sous le faix d'une tâche qui n'a cessé de grandir avec les années. grâce à l'abstention.

Encore un peu d'abstention, et le poids aurait écrasé l'Amérique; il était temps d'agir. Le parti abolitioniste, ou pour mieux dire le parti opposé à l'extension de l'esclavage, l'a fait avec une résolution qui doit exciter nos sympathies. Il y allait de l'avenir des États-Unis; il le savait, et il a lutté en conséquence. Qu'on se rappelle les efforts tentés il y a quatre ans pour la candidature de M. Fremont, efforts qui faillirent être couronnés de succès. Qu'on se rappelle ces trois mois de scrutin par lesquels le Nord est parvenu à emporter l'élection du speaker de la chambre des représentants. Qu'on se rappelle la conduite du Nord dans la lugubre affaire de Brown, son refus d'approuver un acte illégal, son admiration pour l'héroïque fermier qui mourait après avoir vu mourir ses fils. A considérer ce deuil public des États libres, à entendre ce canon qui, le jour de l'exécution, tirait de minute en minute dans la capitale de l'État de New-York, on pouvait pressentir le mouvement irrésistible qui vient d'aboutir au triomphe de M. Lincoln.

L'indignation contre l'esclavage, l'amour du

pays et de son honneur compromis, les justes susceptibilités du Nord, l'instinct libéral si longtemps froissé, le désir de relever les institutions du pays abaissées et corrompues, le besoin d'échapper à des projets insensés, la puissante impulsion de la foi chrétienne, tous ces sentiments ont contribué sans doute à grossir les résistances contre lesquelles vient se briser la suprématie du Sud. Voilà donc une de ces victoires légales, le plus beau spectacle que puissent contempler ici-bas les amis de la liberté. Celle-ci est d'autant plus glorieuse, qu'elle a exigé plus d'efforts et de sacrifices. Le parti Lincoln avait contre lui l'aristocratie puséiste et financière de New-York; contre lui les manœuvres du président Buchanan s'unissaient à celles des États méridionaux. Plusieurs journaux du Nord l'accusaient de fouler aux pieds les intérêts des ports de mer et de compromettre la cause sacrée de l'Union.

Pour parvenir à nommer M. Lincoln, il fallait, ne l'oublions pas, mettre la question de principe au-dessus des questions d'intérêt prochain, qui d'ordinaire se font si bien écouter. L'unité, la grandeur du pays, l'avenir gigantesque vers lequel il s'avance, autant d'obstacles qui se dressaient sur le chemin. Et puis, le compte des profits et pertes, la crise inévitable, les commandes du Sud déjà retirées, les pertes d'argent certaines; il me semble que les hommes qui ont affronté de telles chances ont noblement accompli leur devoir.

L'Amérique, dit-on, est le pays du dollar; les Américains ne songent qu'à gagner, toutes les autres considérations sont subordonnées à celle-là! Si le reproche est fondé quelquefois, avouons du moins qu'il ne l'est pas toujours. Ceux qui voudraient nous persuader que les abolitionistes ont ici encore poursuivi simplement leurs intérêts et cherché à briser la concurrence du travail servile, ont oublié deux ou trois choses : d'abord que les esclaves produisent du tabac ou du coton et que le Nord produit du blé, de sorte qu'il n'y a pas une race au monde qui lui fasse moins concurrence; ensuite que le coton du Sud est fort utile au Nord, fort utile à ses manufactures, fort utile à son commerce de transit et d'entrepôt. Les habitants du Nord ne passent pas pour manquer de clairvoyance; ils n'ignoraient pas qu'à nommer M. Lincoln, ils avaient, pour le moment du moins, tout à perdre et rien à gagner : ils n'ignoraient pas que M. Lincoln, c'était la menace immédiate de scission; que la menace de scission, c'était la crise commerciale, c'était l'affaiblissement politique du pays et l'ébranlement de beaucoup de fortunes. Mais ce qu'ils n'ignoraient pas non plus, c'est que par-dessus les intérêts passagers des individus ou de la nation s'élèvent ces intérêts permanents qui ne peuvent avoir d'autre base que la justice; ils étaient décidés, coûte que coûte, à s'arracher aux entraînements détestables et bientôt mortels de la politique de l'esclavage.

Prenons garde de calomnier sans le vouloir les quelques mouvements généreux qui éclatent çà et là parmi les hommes. Je connais un scepticisme soi-disant avisé qui se prend à toutes les grandeurs morales pour les rabaisser, à tous les élans pour les traduire en calcul. Ne rien admirer, c'est bien triste, et je me hâte d'ajouter, c'est bien absurde. Sans sortir du sujet de l'esclavage, je pourrais citer le grand acte d'émancipation arraché au Parlement par l'opinion chrétienne en Angleterre. N'a-t-on pas trouvé moyen de prouver, ou du moins d'insinuer que cet acte, le plus glorieux de notre siècle, n'était au fond qu'une machiavélique combinaison d'intérêts? Sans doute ceux qui se sont donné la peine de parcourir les débats du temps savent ce qu'il faut penser de cette belle explication; ils savent quelle résistance les *intérêts* ont opposée à l'émancipation, soit dans les colonies, soit au sein de la métropole; ils savent avec quelle opiniâtreté les tories, eux qui représentaient les traditions de la politique anglaise, ont combattu les plans proposés; ils savent en quels termes on décrivait la ruine certaine des planteurs, celle des manufactures et celle des ports de mer; ils savent par combien de pétitions les églises, les sociétés religieuses, les femmes, les enfants eux-mêmes, sont parvenus à arracher au Parlement une mesure que refusaient tant d'hommes d'État. Mais le gros du public ne remonte pas aux sources, il accepte un jugement sommaire, et ce jugement, le voici : l'émancipation anglaise est un chef-d'œuvre de perfidie.

Peu s'en faut qu'on ne nous en dise autant du beau mouvement qui vient d'avoir lieu en Amérique. Volontiers on y découvrirait tous les mobiles, excepté le mobile généreux et chrétien. Comme si le calcul vulgaire des intérêts ne dictait pas une conduite opposée ! Et c'est là précisément ce qui fait la grandeur de la résolution adoptée par le Nord. Il en connaissait toutes les conséquences, elles lui avaient été annoncées par le Sud, rappelées par les hommes prudents, exposées avec détail par les journaux des grandes cités commerciales ; il a mieux aimé être juste. Malgré le mélange inévitable des motifs bas et égoïstes qui viennent toujours compliquer de telles manifestations, ce qui domine dans celle-ci, c'est une protestation de la conscience et de l'esprit de liberté.

Les récits qui nous sont venus d'Amérique mettent en lumière le caractère élevé de la joie qui s'est manifestée après l'élection. On se serrait les mains dans les rues, on se félicitait d'avoir échappé enfin au joug d'une politique ignoble, on se sentait comme soulagé d'un poids, on respirait plus librement ; les vraies, les nobles destinées des États-Unis reparaissaient à l'horizon, on saluait un avenir meilleur que ce présent, un avenir digne des pères, de ces premiers pèlerins qui, n'emportant avec eux que leur Bible, avaient posé de leurs mains pauvres et vaillantes les fondements d'un pays libre.

Je voudrais citer ici le discours dans lequel

s'épancha alors la joie chrétienne de M. le pasteur Beecher. Il parla de la force des faibles; il montra que les principes, si méprisés soient-ils, finissent par prendre leur revanche contre les intérêts; il rappela que l'Évangile était une puissance en Amérique. Se redresser, attaquer virilement son ennemi, s'en prendre aux causes de la décadence nationale, aborder de front la solution du plus redoutable problème qui puisse se poser ici-bas, ce n'est pas le fait d'un peuple de calculateurs. Il se rencontre là autre chose que de la tactique, autre chose que des combinaisons de votes ou des rivalités régionales. Pour voter comme on l'a fait, il y avait presque autant d'obstacles à vaincre dans le Nord que dans le Sud; car, à la suite du vote, le Nord devait souffrir comme le Sud, et il le savait.

Si vous voulez être justes avec les États-Unis,

comparez-les à d'autres pays où existe aussi l'esclavage. Aux États-Unis, on lutte, la question est vivante, on ne s'en détourne pas avec une molle indifférence. J'aime ce bruit que font les nations libres ; je trouve, jusque dans les violences de leurs débats, une preuve du sérieux des convictions. Il faut qu'on se passionne autour des grands problèmes sociaux; si les iniquités subsistent, il faut du moins qu'elles soient signalées, attaquées et flétries; il faut que la prescription du silence ne leur soit jamais acquise; il faut que des voix dévouées réclament sans cesse au nom de la justice et de l'humanité. Ce spectacle-là fait du bien à l'âme, il soulage les tristesses du présent, il porte en soi les garanties de l'avenir.

Ce qui est triste, profondément triste, c'est la vue des nations chez qui les crimes ne font pas de bruit. Voyez le Brésil. Il a son esclavage comme les États-Unis, mais son esclavage est un esclavage honnête, discret, dont on ne parle pas. Ce qui se passe là, nul ne s'en informe ; point de discussions, ni dans la presse, ni à la tribune. Aucun parti ne daignerait inscrire une question pareille dans son programme. On ne s'inquiète que d'une chose, de la bonne façon, et la vente publique des esclaves vient d'être prudemment interdite.

Voyez surtout l'Espagne et son île de Cuba. Là encore, silence parfait. Rien n'empêche vraiment de croire que Cuba est le séjour du bonheur et que les atrocités de l'esclavage sont le monopole des États-Unis. Seulement, les gens curieux, qui aiment à aller au fond des choses, découvrent que, si les maîtres sont fort doux à la Havane, on ne l'est guère pour leur compte dans les plantations, et j'ai déjà dit ce qui le prouve. Sur dix navires de traite qu'on saisit en pleine mer, il s'en trouve toujours neuf à destination de Cuba. L'Espagne a défendu la traite, elle a même été payée pour cela par les Anglais ; mais cela n'empêche pas qu'elle ne laisse la traite se pratiquer sous ses yeux avec une impunité presque absolue. Ses grandes phrases n'y changeront rien, et le moindre fait aurait plus de valeur. A Cuba, les débarquements sont continuels, et les lieux de débarquement sont connus; or, le pavillon américain ne protége personne à l'heure du débarquement. Pourquoi ne s'y oppose-t-on pas? Pourquoi les importations de noirs ont-elles triplé à Cuba? Pourquoi aucun négrier, américain ou autre, ne se dirige-t-il plus vers le Brésil depuis que le Brésil *a voulu* mettre un terme à la traite? La réponse à ces questions nous sera fournie le jour où l'Espagne *voudra* à son tour la supprimer. En attendant, elle aime mieux se taire, à moins qu'un mot venu de Londres ne fasse éclater à Madrid un concert de protestations plus patriotiques que convaincantes; sauf ce cas, le gouvernement se tait, l'opinion se tait, il ne se trouve ni une feuille coloniale qui hasarde une objection, ni même un journal métropolitain qui veuille troubler une unanimité si touchante. La tribune de Madrid, où l'on agite beaucoup de questions, s'abstient prudemment en matière d'esclavage et de traite; parmi les nombreux partis qui se disputent le pouvoir, aucun ne se hasarde sur un terrain où il ne recueillerait qu'impopularité. Ah! qu'ils font de bien à l'âme, auprès de ce silence de mort, les conflits ardents des États-Unis, les immenses combats de parole livrés dans toutes les villes et dans tous les villages de l'Union, les appels adressés aux consciences, la bataille en plein soleil ! Qu'il fait bon voir, auprès de ces peuples qui dorment si paisiblement, en contemplant d'un œil calme les attentats de l'esclavage, un peuple qui s'en inquiète, qui s'en irrite, qui refuse d'en prendre son parti et qui, plutôt que de s'accommoder au mal, s'agite, se divise et se déchire au besoin de ses propres mains !

CHAPITRE IV

CE QU'IL FAUT PENSER DES ÉTATS-UNIS.

CHAPITRE IV

CE QU'IL FAUT PENSER DES ÉTATS-UNIS

On n'est pas juste envers les États-Unis. Leur civilisation, si différente de la nôtre, nous blesse par plus d'un côté, et nous nous laissons aller à la mauvaise humeur qu'excitent leurs défauts réels, sans prendre assez garde à leurs éminentes qualités. Ce pays qui ne possède ni Église d'État, ni armée, ni tutelle administrative, ce pays né d'hier et né sous une influence puritaine, ce pays sans passé, sans monuments, séparé du moyen âge par le double intervalle des siècles et des croyances, ce rude pays de fermiers et de pionniers, n'a rien de ce qu'il faut pour nous plaire. Il a la vie exubérante et les excentricités de la jeunesse ; c'est dire qu'il fournit à notre vieille expérience d'inépuisables sujets de blâme et de raillerie.

Nous sommes si peu portés à l'admirer, que nous avons cherché dans sa configuration territoriale l'explication essentielle de ses succès. — Est-il si difficile de maintenir chez soi le bon ordre et la liberté, quand on a d'immenses solitudes à peupler, quand la terre s'offre sans cesse au travail de l'homme? — Je ne vois pas, quant à moi, que la terre manque à Buenos-Ayres, à Montevideo, au Mexique et à toutes les républiques à pronunciamentos qui couvrent l'Amérique du Sud. Il me semble que les Turcs ont de l'espace devant eux et que le moyen âge ne souffrait pas précisément d'un excès de population, quand il présentait de toutes parts le spectacle de l'anarchie et de l'oppression.

Soyons-en sûrs, les États-Unis, qui ont quelque chose à apprendre de nous, ont aussi quelque chose à nous apprendre. C'est une grande société, à côté de laquelle il ne convient pas de passer avec dédain. Plus elle est différente de notre Europe, plus il faut d'attention impartiale pour la comprendre et l'apprécier. Nous ne saurions, en particulier, nous former une opinion éclairée au sujet de la crise actuelle, si nous ne commençons par nous rendre compte du milieu dans lequel elle a éclaté. La nature de la lutte et son issue probable, les difficultés du présent et les chances de l'avenir, tout cela ne nous apparaîtra qu'à la condition d'étudier d'un peu près les États-Unis. Qu'on me permette donc quelques détails.

Chez les Yankees, les défauts sautent aux yeux. Ce n'est pas moi qui justifierai la loi Lynch, quelles que puissent être les nécessités qui existent dans le *far West*. On cite aux États-Unis des émeutes qui ont accompli leur œuvre de dévastation et d'incendie, sans que personne ait osé sévir ensuite et encourir la disgrâce du peuple souverain ; mais je crois me rappeler que nous avons vu des faits semblables à Paris même : n'insistons donc pas trop fortement.

Ce qu'on ne voit pas à Paris et ce qu'on remarque par malheur en Amérique, c'est la tendance générale à substituer chez les femmes les qualités viriles, qui ne leur vont guère, aux qualités féminines qui font leur grâce, leur force et leur dignité; il en résulte je ne sais quoi de déplaisant et de rude qui n'est pas à l'honneur du nouveau monde. Je n'admire pas du tout la grossièreté et je n'admets pas qu'elle soit la compagne obligée de l'énergie; le ton des journaux, celui des discussions au Congrès, sont faits souvent pour exciter une juste réprobation. Il y a aux États-Unis un nivellement par le bas, une jalousie des supériorités acquises et surtout des illustrations héréditaires, qui procèdent des plus mauvais sentiments du cœur. Ce qui est plus grave encore, le côté tendre et débonnaire de l'âme humaine, celui qui éclate dans l'Évangile, apparaît trop rarement chez ce peuple où l'Évangile est cependant en honneur, mais où le travail d'une croissance gigantesque a développé les vertus actives aux dépens des vertus aimables;

les Américains sont secs, même quand ils sont bons, charitables et dévoués.

Qu'ils aiment l'argent et concentrent souvent leurs pensées sur les moyens d'en gagner, je ne le contesterai pas, quoique je doute, en voyant ce qui se passe chez nous, que nous ayons le droit de leur jeter la pierre; d'autant plus que les libéralités américaines, comme je le montrerai dans un moment, sont de nature à nous rendre honteux de notre parcimonie. Quant aux procédés commerciaux dont les créanciers de l'Amérique ont eu maintes fois à se plaindre, rien ne saurait les justifier; cependant, ici encore, le rôle de pédagogues ne nous siérait guère. Si plus d'une compagnie américaine de chemin de fer a mis à profit une crise pour prononcer, sans beaucoup de vergogne, une suspension de payements, il n'est pas prouvé que ces suspensions de payements doivent se convertir en banqueroute. Si plus d'une ville ou plus d'un comté ne livrent qu'à contre-cœur les semestres de leur dette, les tribunaux ont toujours fait bonne justice de ce mauvais vouloir; il y a tel pays, la Russie, par exemple, où les tribunaux n'en font pas autant. Si enfin, à une certaine époque, plusieurs États ont cessé de tenir leurs engagements, un seul d'entre eux a osé proclamer l'infâme doctrine de la *répudiation;* et depuis, tous ont payé, excepté un État de l'extrême Sud, le Mississipi. Encore un coup, sommes-nous sûrs d'être bien placés pour reprendre de tels méfaits, nous dont les gouvernements antérieurs à 89 usaient sans trop de scrupule des réductions de rentes et des banqueroutes, nous dont la dette, au sortir de la Révolution, a pris le nom significatif de *tiers consolidé?*

5.

Ne l'oublions pas, la population des États-Unis a décuplé depuis la fin du dernier siècle; ils ont reçu chaque année, par centaines de mille, des émigrants qui ne sont pas toujours l'élite de l'ancien monde. Comment cette invasion perpétuelle d'étrangers promptement transformés en citoyens n'aurait-elle pas introduit dans la décision des affaires publiques quelques éléments d'immoralité? J'admire que l'esprit honnête et religieux des Américains ait eu la puissance de s'assimiler et de dominer à ce point de si grandes masses d'Allemands et d'Irlandais. Peu de pays auraient supporté de la sorte une telle épreuve.

Remarquez qu'en dépit de tout, l'ordre public est maintenu sans troupes soldées (l'Europe continentale aura peine à le croire). La tranquillité règne dans les plus grandes villes des États-Unis, le respect de la loi est dans tous les cœurs;

d'immenses scrutins ont lieu, des millions d'hommes passionnés attendent le résultat en frémissant; et toutefois, pas une violence n'est commise. Les émeutes de l'Amérique, car elle en a eu, sont assurément moins nombreuses que les nôtres, et elles ont le mérite de ne pas se transformer en révolutions.

C'est dans les grandes villes, bien entendu, que s'arrêtent la plupart des émigrants; c'est là qu'il leur arrive presque de faire la loi; et c'est là aussi que les nobles causes rencontrent le plus d'adversaires. M. Lincoln, pour citer cet exemple, n'a réuni qu'une minorité de suffrages à New-York, tandis que l'unanimité des suffrages campagnards lui assurait les votes de l'État. Le mépris de la classe de couleur, ce crime du Nord, éclate surtout dans les grandes villes et particulièrement au sein des agglomérations d'émigrants; personne, il faut savoir le reconnaître, personne n'est plus dur envers les nègres libres que les Européens récemment débarqués et venant chercher fortune en Amérique.

Quant aux crimes, ils ne sont nombreux que dans les villes; encore la statistique criminelle des États-Unis paraît-elle peu chargée quand on la compare à la nôtre. Je sais la part qu'il faut faire à l'insuffisance de la répression; en Amérique, sans doute, bien plus souvent que chez nous, les coupables échappent aux poursuites. Cependant la sécurité est réelle, et un enfant pourrait parcourir l'Ouest tout entier sans être exposé au moindre péril.

M. de Tocqueville l'a dit, dans l'Amérique du Nord les mœurs sont infiniment plus sévères que partout ailleurs. Ceci n'est pas, ce me semble, un mince avantage. Quelle que soit la dépravation des ports de mer où le monde entier se donne rendez-vous, il demeure certain qu'elle ne pénètre pas dans l'intérieur du pays. Ouvrez les journaux et les romans des États-Unis, vous n'y découvrirez pas une page corruptrice ; vous pourrez tout laisser sur la table du salon, sans craindre de faire rougir le front des femmes ou de flétrir l'imagination des enfants.

Au sein des États manufacturiers, on rencontre des villages modèles, où tout est combiné pour défendre les ouvriers des deux sexes contre les périls qui les attendent dans d'autres contrées. Qui n'a entendu parler de cette ville de Lowell où les filles de fermiers viennent gagner leur dot, où le travail des fabriques n'entraîne à sa suite aucun désordre, où les ouvrières lisent, écrivent, tiennent des écoles du dimanche, où leur moralité ne coûte rien à leur liberté et à leurs progrès? — Quand j'aurai ajouté que les États-Unis n'ont pas un seul hospice d'enfants trouvés, il me semble que j'aurai indiqué ce qu'il faut penser à la fois de leurs bonnes mœurs et de leur bon sens.

Et qu'on ne se représente pas les Américains comme un peuple à la fois honnête et borné. S'ils sont encore loin de notre niveau, et cela doit être, au point de vue artistique et littéraire, il n'est pourtant pas permis de mépriser un pays qui compte des noms tels que Hawthorne, Longfellow, Emerson, Cowper, Poë, Washington Irving, Channing, Prescott, Mothley, Bancroft. Notez que, parmi ces noms, les hommes d'imagination tiennent une large place, ce qui prouve, pour le dire en passant, que le pays où l'on s'écrie le plus souvent : « A quoi cela sert-il ? » s'accorde à trouver que la poésie sert à quelque chose. Et je ne parle ici ni des orateurs, tels que M. Steward ou M. Douglas, ni des savants, tels que le lieutenant Maury, ni de ceux qui, tels que Fulton ou Morse, ont appliqué la science à l'industrie : il y a cause jugée sur tous ces points.

Mais la vraie supériorité des Américains, c'est l'universalité de l'instruction moyenne. Les puritains, qui étaient arrivés avec leur Bible, ne pouvaient pas ne pas être de grands fondateurs d'écoles, la Bible et l'école vont ensemble. Aussi faut-il voir ce que sont les écoles aux États-Unis ! Le seul État de Massachusetts, qui ne compte pas un million d'âmes, consacre chaque année cinq millions à son instruction publique. Si d'autres États sont loin de l'égaler en ce qui concerne les académies et les établissements supérieurs, tous se tiennent à son niveau en ce qui touche les écoles primaires ; aussi trouve-t-on rarement, en dehors de la classe des émigrants, un homme ou une femme qui ne possède pas d'une façon solide des connaissances élémentaires dont l'étendue exciterait notre étonnement. A côté de l'école primaire et pour compléter, sous le rapport religieux surtout, l'enseignement qu'elle donne, les Américains ont ouvert partout des écoles du dimanche, gratuitement tenues par des maîtres de bonne volonté parmi lesquels ont figuré plusieurs des hommes les plus haut placés, plusieurs des présidents de la Confédération. Ces écoles du dimanche, dont le nombre n'est pas inférieur à 20,000 et que dirigent 150,000 répétiteurs, comptent plus d'un million d'élèves, dont 10,000 au moins sont des adultes. Calculez la puissance d'un tel instrument !

On lit énormément en Amérique. Il y a une bibliothèque dans la dernière des cabanes de troncs mal équarris construite par les défricheurs de l'Ouest. Ces pauvres *log-houses* renferment presque toujours une Bible, souvent des journaux, des livres instructifs, parfois même des volumes de poésie. Nous ne nous figurons guère, en Europe, nous qui nous croyons fort amateurs de beaux vers, ce qu'il y a d'exemplaires de Longfellow répandus chez les cultivateurs américains. Les journaux politiques ont beaucoup d'abonnés; les journaux religieux n'en ont pas moins. Je sais un journal mensuel destiné aux enfants (*the Child's Paper*) qu'on tire à 300,000 exemplaires. Or, cela, c'est l'aliment intellectuel des campagnes; dans les villes, les cours publics viennent s'ajouter aux livres, aux journaux et aux revues : sur tous les sujets imaginables, cette société, que son gouvernement ne se charge pas d'instruire (au delà du moins de l'éducation primaire), s'instruit et se développe avec une ardeur infatigable. Il se remue des idées dans les moindres bourgades ; la vie est partout.

Habitués à agir par eux-mêmes, sachant qu'ils ne peuvent compter sur la tutelle administrative de l'État, les Américains excellent à mettre en jeu les énergies individuelles. Chez eux, il y a peu de fonctionnaires, peu de soldats et peu d'impôts. Ils ne connaissent pas comme nous cette maladie des fonctions publiques, dont la violence augmente à mesure que nous avançons. Ils ne connaissent pas ces impôts énormes sous lesquels l'Europe fléchit de plus en plus, ces impôts qui suppriment presque la propriété à force d'en surcharger la transmission ; ils n'en sont pas à trouver tout simple de consacrer un milliard, deux milliards par année aux dépenses de l'État, et on ne leur a pas fait de théorie pour leur prouver que, de toutes les dépenses des citoyens, celle-là est la mieux entendue. Ils ne sont pas entrés avec l'ancien monde dans cette rivalité d'armements, où chaque pays, dût-il s'épuiser, est tenu de se maintenir au niveau de ses voisins et où personne en fin de compte ne sera plus fort quand tout le monde sera écrasé; leurs dix mille hommes de ligne suffisent, et leurs milices sont là pour les besoins extraordinaires. Enfin leur dette fédérale est insignifiante, et, si les dettes particulières de quelques États atteignent un chiffre élevé, elles ne sont nulle part de nature à imposer aux contribuables un surcroît considérable de charges.

Les grandes libertés existent toutes aux États-Unis : liberté de la presse, liberté de la parole, droit de réunion, droit d'association. Sauf dans les États à esclaves, où les institutions nationales ont subi en fait de tristes mutilations, chaque citoyen peut émettre sa pensée, la soutenir hautement, sans rencontrer d'autre obstacle que la pensée contraire qui se produit avec une égale indépendance.

Mais il est un terrain surtout où nous devons reconnaître la supériorité de l'Amérique : je veux parler de la liberté religieuse. Nous en sommes encore aux débuts et aux hésitations sur ce point : à quelle limite doit s'arrêter l'intervention de l'État? dans quelle mesure doit-il gouverner les croyances des citoyens et régler leur manifestation? Ces questions, hélas! se posent encore parmi nous. Et à nos portes il y a des pays où l'on frémirait à la seule pensée que la loi pût cesser un seul jour de décider pour chacun de quelle façon il est tenu d'adorer Dieu, que les tribunaux pussent cesser de punir ceux dont la conscience s'écarte de la voie nationale. La Suède protestante condamnait naguère les dissidents à l'amende et à la prison; l'Espagne catholique frappe chaque jour des peines les plus graves ceux qui se permettent de professer ou de répandre des croyances qui ne sont pas celles du pays, ceux qui vendent les Écritures ou qui les lisent.

Les États-Unis n'ont pas seulement proclamé et appliqué loyalement le beau principe de la liberté religieuse, ils lui ont donné pour corollaire un autre principe, bien plus contesté parmi nous, mais que je crois destiné à faire aussi le tour du monde, le principe de la séparation de l'Eglise et de l'État. — Que les fidèles soutiennent leur culte, que les questions religieuses ne se mêlent jamais aux questions politiques, que les deux domaines demeurent distincts : pensée très-simple qui nous semble aujourd'hui très-étrange. Elle fera son chemin comme toutes les autres idées vraies, qui commencent par être des paradoxes et finissent par devenir des axiomes. En attendant, la Confédération américaine jouit d'un avantage que plus d'un gouvernement européen payerait bien cher, je suppose, à certains moments : elle n'a à s'inquiéter des intérêts religieux, ni dans son action au dehors, ni dans son administration au dedans. Qu'il y ait de par le monde des conflits dans l'ordre spirituel, elle les laisse se débattre et se résoudre dans l'ordre spirituel, sans avoir à s'en inquiéter. De là naît pour l'État une liberté d'allures, une simplicité de conduite, que nous avons peine à comprendre, nous qui avons à louvoyer entre tant d'écueils. Le gouvernement américain est sûr de ne jamais blesser aucune Église, il n'en connaît aucune ; il ne se mêle ni de les combattre ni de les aider ; il a renoncé une fois pour toutes à intervenir dans le domaine de la conscience.

Il en résulte, sans doute, que ce domaine est moins bien ordonné qu'en Europe : la régularité administrative n'a point passé par là. Est-ce à dire que cet inconvénient (si c'en est un) ne soit pas largement racheté par les avantages ? N'est-ce rien que de supprimer l'hérédité en matière religieuse et de forcer chaque âme à s'interroger elle-même sur ce qu'elle croit ? Aux États-Unis, l'adhésion à une Église est un acte personnel, spontané, résultant d'une détermination volontaire. Cela est tellement vrai, que les quatre cinquièmes des habitants du pays ne portent pas le titre de membres des Églises. Quoique assistant au culte, quoique manifestant en cette matière un intérêt et une ferveur auxquels nous sommes peu habitués, quoique auditeurs assidus et donateurs généreux, ils n'ont pas encore senti en eux une conviction assez forte, assez nette pour faire acte exprès d'adhésion. Pensons ce que nous voudrons d'un tel système, avouons du moins qu'il implique un profond respect pour les choses saintes; rien ne ressemble moins à cet assentiment paresseux et formaliste que nous donnons, selon l'usage et sans nous lier fortement nous-mêmes, à la religion qui règne chez nous.

De là, quelque chose de vaillant dans les convictions américaines. De là aussi, dira-t-on, l'éparpillement sectaire dont on nous a souvent tracé le tableau. — Je suis loin d'aimer l'esprit de secte, et je n'ai garde de présenter les Églises américaines comme étant le beau idéal en matière de religion. L'esprit de secte, dont le trait fondamental est de confondre l'unité et l'uniformité, de transformer les divergences en séparations, de ne pas admettre au sein de l'Église l'élément de diversité et de liberté, d'exiger la signature d'un formulaire théologique et l'adhésion formelle à tout un ensemble de dogmes et de pratiques sans tolérer la moindre nuance; l'esprit de secte avec son étroitesse, avec ses traditions d'hommes, avec son exagération des petites choses, avec ses dénominations particulières, n'est certainement pas digne d'admiration. Je le repousse en Amérique comme ailleurs, mais je crois utile de constater qu'on a fort exagéré le fractionnement religieux qu'il y a produit. Il faut réduire, et de beaucoup, ces listes effrayantes d'Églises que nous donnent les voyageurs. En écartant ce qui n'a aucune valeur, soit comme influence, soit comme nombre, on ramène à cinq dénominations seulement (c'est déjà trop) les Églises qui ont une existence aux États-Unis en dehors de l'Église romaine. Il y a des méthodistes, des baptistes, des congrégationalistes, des épiscopaux et des presbytériens. Le reste se compose de petites congrégations excentriques, qui naissent et meurent sans que personne y prenne garde, excepté les touristes, qui sont bien aises de noter des choses extraordinaires sur leur carnet.

Ajoutons que l'esprit sectaire est attaqué aujourd'hui en Amérique et que l'unité essentielle qui relie entre eux les membres des cinq dénominations, malgré quelques diversités extérieures, se manifeste énergiquement. Non-seulement l'alliance évangélique prouve aux plus sceptiques que cette unité est réelle, mais un fait particulier aux États-Unis, le grand réveil provoqué par la crise de 1857, a mis en évidence l'harmonie parfaite des convictions. Au sein des réunions innombrables que ce réveil a fait naître d'un bout à l'autre du pays, il a été impossible de distinguer les congrégationalistes des presbytériens ou des baptistes. Tous étaient là, et aucun ne trahissait par la moindre nuance dogmatique ces divisions soi-disant profondes dont on aime à faire tant de bruit. J'invite ceux qui douteraient encore à aller voir de quelle manière s'établit le culte public parmi les pionniers de l'Ouest; dès qu'il y a quelques hommes établis quelque part, un évangéliste vient les visiter, et personne ne s'informe de sa dénomination, car la Bible qu'il apporte est la Bible de tous et le salut par le Christ qu'il proclame est la croyance admise par tous. Il suffit, d'ailleurs, de voir ce peuple entier, si agité, si laborieux, laissant là ses affaires le dimanche pour s'occuper de la pensée d'une autre vie, il suffit de surprendre ces tressaillements unanimes de la conscience publique au bruit d'une attaque dirigée contre l'Évangile, pour reconnaître que, sous les fractionnements regrettables, l'unité subsiste et que les convictions individuelles créent au sein des sociétés humaines la plus énergique des puissances de cohésion; je ne connais pas de ciment qui vaille celui-là.

Si les convictions individuelles sont un fort lien, elles sont aussi une source inépuisable de vie. Il est aisé de s'en assurer, pour peu qu'on veuille considérer les preuves de la libéralité chrétienne qui éclate aux États-Unis. Là, point de charité légale, point de secours à attendre du gouvernement, soit pour l'entretien des églises, soit pour celui des malades et des pauvres; il faut que le *système volontaire* suffise à tout. Et, en effet, il suffit à tout.

De quoi s'agit-il d'abord? De réunir une trentaine de millions chaque année pour le payement des pasteurs. Les trente millions sont fournis : pauvres, riches, chacun donne avec empressement et sans y être forcé. — Il s'agit ensuite de pourvoir à la construction des églises nouvelles; or, il n'en faut pas achever moins de trois chaque jour, car le défrichement s'avance à pas de géant dans le désert, et on construit au moins un millier d'églises par année. La plupart de ces églises sont composées sans doute de poutres superposées qu'on peint en blanc ou qui conservent la couleur du bois et qu'on a soin de surmonter d'un clocher; c'est simple et peu coûteux, et, dans les villages naissants dont les rues sont encore coupées par des arbres laissés debout, le local servant à la fois d'église et d'école où l'on se réunit autour du prédicateur itinérant n'est pas décoré avec beaucoup de luxe; cependant les constructions nouvelles réclament tous les ans de douze à quinze millions.

Viennent ensuite les sociétés religieuses. Il faut dans l'Ouest des prédicateurs, rudes ouvriers qui vivent de privations, parcourant à cheval d'immenses solitudes, allant toujours sans se reposer jamais, jusqu'à ce que leurs forces soient épuisées. Il faut huit cents missionnaires ou agents pour le comité américain des missions; il en faut pour les presbytériens, pour les baptistes et pour toutes les églises. Or, on ne saurait les envoyer aux quatre bouts du monde sans subvenir à leurs besoins. La Société biblique, qui imprime trois cent mille Bibles par an, la Société des traités religieux, qui en publie cinq millions d'exemplaires et qui, à New-York seulement, emploie un millier de visiteurs ou distributeurs, les diverses œuvres en un mot, dépensent de neuf à dix millions.

Tel est donc le budget de la charité volontaire aux États-Unis[1]. Il s'élève à cinquante ou soixante millions, sans compter les dons très-considérables destinés à l'instruction publique, sans compter (ceci est immense) le soulagement des pauvres et des malades. Vous ne découvrirez peut-être pas aux États-Unis un village qui n'ait son comité de bienfaisance, et la bienfaisance individuelle, qui est la meilleure, y fait aussi son œuvre, indépendamment des comités. Je ne connais pas de contrée où les actes de grande libéralité soient plus fréquents ; tel homme riche fondera un hôpital, tel autre un observatoire. Des asiles ont été ouverts à toutes les infortunes humaines, aux aliénés, aux aveugles, aux sourds-muets, aux orphelins, aux enfants abandonnés.

1. Il paraît que je suis resté au-dessous de la vérité. Mais j'aime mieux cela ; je tiens surtout à éviter l'exagération.

N'avais-je pas raison de dire que c'est là un grand peuple? Quels que soient ses vices, il ne nous est pas permis de parler de lui avec dédain. Si les Américains savent faire fortune, ils savent aussi faire un noble usage de leur fortune; eux qu'on accuse avec raison d'être trop souvent préoccupés des questions de profit, on les a vus retrancher beaucoup de leur luxe lors de la crise commerciale, et n'opérer que fort peu d'économies sur leurs charités. Le budget des Églises et des sociétés religieuses est demeuré intact, à l'heure même où la gêne était partout. Il y a, je ne puis m'empêcher de le croire, des bénédictions particulières attachées à tant de sacrifices volontaires qui reportent la pensée au premier siècle du christianisme. Soyons-en sûrs, la religion qui coûte quelque chose est celle qui rapporte quelque chose aussi.

CHAPITRE V

LES ÉGLISES ET L'ESCLAVAGE.

CHAPITRE V

LES ÉGLISES ET L'ESCLAVAGE.

Ceci m'amène à examiner un côté de la question américaine sur lequel l'attention se fixe naturellement aujourd'hui : comment se fait-il que, chez ce peuple charitable et libéral, les iniquités de l'esclavage soient maintenues? comment se fait-il que, sous l'influence d'un sentiment chrétien aussi puissant, des iniquités pareilles aient subsisté? Serait-il vrai que les chrétiens eussent déserté la cause de la justice?

L'Évangile a-t-il eu, oui ou non, la place qui lui appartient dans la grande lutte engagée entre le Nord et le Sud? C'est le point peut-être qu'il importe le plus d'éclaircir, d'abord parce que c'est celui sur lequel on a accumulé le plus d'erreurs, ensuite parce que c'est celui qui se rattache le plus étroitement à la solution définitive; cette solution ne sera heureuse que si l'Évangile y met la main.

Pour bien juger, approchons-nous et tâchons de comprendre la situation vraie de ceux dont nous voulons apprécier la conduite. — Voici le Sud, par exemple, où l'opinion presque universelle est favorable à l'esclavage, où les gouverneurs écrivent des dithyrambes sur ses bienfaits, où beaucoup de chrétiens sont parvenus à découvrir qu'il est sanctionné par l'Évangile, où des hommes sincères placent aujourd'hui sous le regard de Dieu leur croisade impie en faveur de l'extension de l'esclavage, où nombre de prédicateurs développent à leur manière le texte fameux : « Maudit soit Cham ! » Ces sentiments, si détestables soient-ils, ne trouvent-ils pas, jusqu'à un certain point, leur explication et leur excuse dans les circonstances où se trouve le Sud ?

La puissance des milieux est incalculable. Si nous-mêmes, qui condamnons l'esclavage et qui avons bien raison de le faire, nous avions été été élevés à Charleston; si nous avions vécu, dès notre première enfance, de la vie des planteurs; si nous avions nourri notre esprit de leurs idées; si nous considérions nos intérêts de fortune comme menacés par l'abolitionisme; si l'image de périls plus affreux, de destructions violentes et de massacres, venait hanter notre esprit; si l'antagonisme politique entre le Sud et le Nord venait ajouter son venin aux passions déjà excitées en nous, nous-mêmes, est-il certain que nous ne figurerions pas, à l'heure qu'il est, parmi les énergumènes qui tirent sur les vaisseaux de l'Union et qui essayent la fondation d'une confédération méridionale?

Il est bon de se dire cela, pour apprendre à respecter, à aimer, et, par conséquent, à aider ceux dont on blâme le plus fortement la conduite. Quant à moi, toutes les fois que je suis tenté de me poser en juge ou en accusateur du Sud, je me demande ce que je ferais si j'étais du Sud, et cela me replace dans le vrai. Je me rappelle aussi ce que j'ai vu de mes yeux, à l'époque où la discussion sur l'esclavage était engagée en France; les passions coloniales, les plus aveugles et les plus violentes de toutes, éclataient à la Martinique et à Bourbon, comme elles avaient éclaté auparavant à la Jamaïque, lorsque les circulaires de M. Canning, la proposition, par exemple, de supprimer la flagellation des femmes, y excitaient de véritables explosions de fureur. Il y avait de fort braves gens parmi ceux qui s'indignaient ainsi; et, chez nous pareillement, les planteurs décidés à combattre toute modification du régime des noirs étaient souvent de fort braves gens. La sévérité est presque toujours un défaut de mémoire; nous ne blâmons les autres sans pitié que parce que nous avons commencé par oublier notre propre histoire. Nous, Français, qui avons eu tant de peine à émanciper nos propres esclaves et qui n'y serions pas parvenus peut-être sans la décision hardie de M. Schœlcher, nous qui avons tâché de reprendre en partie par nos règlements coloniaux la liberté accordée aux noirs, nous qui avons laissé faire les recrutements par achat sur la côte d'Afrique, qui autrefois avons organisé l'expédition chargée de rétablir l'esclavage et la traite à Saint-Domingue, qui n'avons supprimé la traite au congrès de Vienne qu'en stipulant sa continuation pendant quelques années, qui n'avons mis dans nos discussions sur le droit de visite qu'un intérêt fort médiocre pour les victimes des négriers, nous dont la conscience est chargée de ces méfaits, nous sommes tenus d'user d'indulgence envers les États du Sud.

Il importait de présenter cette remarque, car c'est du Sud que viennent les théories bibliques en faveur de l'esclavage, c'est à cause du Sud que ces théories ont été adoptées par certains chrétiens du Nord, désireux d'éviter avant tout et la dislocation des États-Unis et celle des Églises ou des sociétés religieuses. Otez le Sud, et personne ne s'avisera, en Amérique pas plus qu'en Europe, de découvrir dans l'Évangile une approbation divine des atrocités de l'esclavage.

Je comprends mieux que personne le sentiment d'indignation que causent ces prédications déplorables, où l'esclavage est tantôt excusé, tantôt exalté; je comprends que, sous l'impulsion d'un sentiment si légitime, on soit entraîné à maudire en bloc et les prédicateurs et les églises, qu'on en vienne même à se représenter la foi chrétienne comme le véritable obstacle aux progrès de la liberté. C'est une contre-vérité énorme; mais on s'explique aisément qu'elle ait pu se faire admettre par des esprits généreux et sincères. J'ai lu, moi aussi, tel sermon écouté avec sympathie dans telle église presbytérienne de New-York, où l'esclavage, déclaré bon jusqu'au retour de Jésus-Christ, cesse de l'être (je ne sais pourquoi) pendant le millénium ! Je sais ce qu'est cette théologie, trop bien nommée *cotonneuse*, qui s'étale dans les colonnes cléricales du *New-York Observer*. Toutefois, j'ai hâte de dire que ces excès révoltants ne se produisent guère que dans les ports de mer et particulièrement à New-York. Les intérêts de cette grande ville sont tellement liés à ceux des États producteurs de coton, que, jusqu'à ces derniers temps, on a pu considérer New-York comme un prolongement du Sud. Ne nous étonnons donc pas s'il se trouve là quelques congrégations dominées par les préjugés du Sud. Au reste, à New-York même, d'autres Églises protestent avec une sainte énergie, et d'autres journaux, parmi lesquels je citerai l'*Independent*, organe des congrégationalistes, ne cessent de combattre l'esclavage au nom de l'Évangile.

Puis on s'obstine à ne voir que New-York, à ne tenir compte que de ce qui se passe à New-York, et l'on oublie que New-York est d'ordinaire une exception dans le Nord, tant par sa situation commerciale que par ses opinions et par ses votes. Pour peu qu'on sorte de la ville et qu'on parcoure les campagnes environnantes, on y rencontre un esprit différent, esprit tout imprégné de foi chrétienne et fort peu disposé à pactiser avec l'esclavage. Là commence à apparaître cette race de fermiers puritains dont Brown a été naguère le représentant. Lui aussi, n'avait-on pas essayé de le transformer en esprit fort, en philosophe ennemi de la Bible et, par ce motif même, ennemi de l'esclavage? Il n'a pas fallu moins que sa dernière lettre adressée à sa femme, pour montrer à quelle source il avait puisé ce courage, si mal dirigé mais si indomptable, qu'il a déployé à Harper's-Ferry; le chrétien, le chrétien biblique et orthodoxe est venu expliquer le libéral et le héros.

Que les chrétiens en général aient condamné l'entreprise de Brown, tout en sympathisant avec lui, je m'empresse de le reconnaître, et je suis loin de les en blâmer ; que beaucoup aient eu le tort réel de reculer devant les conséquences d'une conduite nette et décidée, je suis bien forcé d'en convenir. Oui, sans parler même du Sud, où règne la *terreur* que chacun sait, il y a dans le reste de la Confédération bon nombre d'Églises protestantes et catholiques où l'on a refusé de se prononcer, comme on aurait dû le faire, contre les crimes de l'esclavage. Ne nous hâtons pas cependant de crier au mensonge et à l'hypocrisie ; des hommes très-honnêtes et très-sincères ont cru qu'ils feraient plus de mal que de bien s'ils amenaient une rupture avec le Sud.

Ici, ne l'oublions pas, la rupture politique est compliquée d'une rupture religieuse. Or, toutes les Églises s'étendent à la fois au Nord et au Sud, toutes les sociétés charitables comptent des comités et des souscripteurs au Nord et au Sud. Il s'agissait donc (pesons l'immensité du sacrifice, afin d'être justes), il s'agissait de briser en deux toutes les Églises, de mettre en morceaux toutes les sociétés, de livrer à des chances périlleuses toutes les grandes œuvres qui honorent les États-Unis.

Sans doute on aurait dû passer outre, faire son devoir et ne pas s'inquiéter des conséquences : c'est la grande règle de conduite. J'en conviens, et néanmoins je me refuse à flétrir, ainsi qu'on l'a fait, des hommes qui ont eu le tort d'hésiter ; je sens que les ranger parmi les champions de l'esclavage, c'est fausser les faits et tomber dans une coupable exagération. Aujourd'hui encore, après l'élection de M. Lincoln, ne pourrait-on pas citer dans le Nord des citoyens dévoués à la cause des nègres, et qui refusent de s'associer aux démonstrations abolitionistes, parce qu'ils craignent (et ce sentiment les honore) d'encourager les insurrections qui se préparent?

Cela dit, je voudrais prouver, par quelques faits trop peu connus, ce qu'a été cette abstention ou même cette hésitation prétendue du christianisme orthodoxe. Si je considère les Églises, j'en aperçois deux, et des plus considérables, qui ont commencé à prendre parti : les congrégationalistes et les méthodistes. — Il y a six mois environ, la conférence générale des méthodistes est entrée dans le courant, sans se laisser entraver par les protestations violentes qui lui sont venues du Sud. — Je lis, dans un rapport présenté à l'une des grandes sections de cette Église : « Nous croyons que vendre ou détenir sous sa dépendance des êtres humains, au même titre que des biens mobiliers, est une contravention aux lois divines et à l'humanité ; que cela jure avec la loi d'or et avec la règle de notre discipline. » L'année dernière, une réunion nombreuse de délégués des Églises congrégationalistes a adopté la résolution suivante : « Il est immoral de posséder des esclaves ; ceux qui le font ne devraient pas être admis comme membres des Églises chrétiennes. C'est là un péché contre lequel on ne doit cesser de protester au nom de l'Évangile, jusqu'à ce qu'il ait entièrement disparu. » Et ce vote n'est pas resté à l'état de lettre morte ; une Église congrégationaliste de l'Ohio a rejeté de son sein un de ses diacres qui avait contribué, en qualité de magistrat, à l'extradition d'un nègre fugitif.

D'autres Églises, sans arriver à prendre une position aussi nette, ont du moins manifesté, par leurs tiraillements intérieurs, l'intérêt profond qu'excite chez elles la question de l'esclavage. C'est ainsi qu'une scission vient de déchirer en deux l'Église presbytérienne, parce que les adversaires de l'esclavage n'ont pas voulu demeurer responsables d'une abstention qui leur paraissait criminelle. Ce sont là des signes de vie, et ces signes commencent à se montrer même au sein des corps ecclésiastiques qui ont agi jusqu'à présent de la façon la moins chrétienne; c'est ainsi qu'une discussion très-vive s'est produite, c'est tout dire, parmi les membres de l'Église épiscopale de New-York. La majorité a étouffé le débat; le pourra-t-elle toujours?

Si des églises nous passons aux sociétés religieuses, nous y trouvons les mêmes symptômes : ici, on se prononce ouvertement contre l'esclavage, en dépit des menaces du Sud; là, on parvient à écarter la question, mais c'est au prix de débats passionnés qui se renouvellent sans cesse, c'est au prix d'un scandale immense et des protestations que font entendre les chrétiens du monde entier. La conduite adoptée par la grande Société américaine des missions est d'autant plus significative, que son comité se compose de membres appartenant aux diverses dénominations évangéliques; elle est donc comme leur représentation permanente, et cela ne l'a pas empêchée d'adopter, après de longues hésitations, des résolutions qui indiquent dans quel sens elle marchera désormais : elle a rompu ses relations avec les missionnaires employés chez les Chactaws, par ce motif qu'ils ont obstinément refusé de rompre en visière à l'esclavage indien et aux pratiques abominables qu'il engendre. La Société, qui s'était longtemps, trop longtemps contentée d'un blâme timide et inconséquent, a dû recourir alors à des mesures plus décisives.

Une autre grande Société, celle des traités, n'a malheureusement pas suivi cet exemple; les assemblées générales tenues à New-York et dominées par l'esprit de cette ville ont donné une majorité au parti qui veut s'abstenir; mais, disons-le à l'honneur des chrétiens d'Amérique, la minorité, très-considérable, a résisté jusqu'au bout; l'opinion du dehors l'a soutenue; beaucoup d'amis de l'Évangile ont déploré comme elle cette pusillanimité qui cédait aux menaces du Sud. De là une crise qui n'est pas encore parvenue à son terme, et dont le premier fruit a été la fondation d'un comité rival, celui de Boston, auquel on se rattache de toutes parts.

Ce sont là de graves événements, car ils manifestent les révolutions intimes de l'âme humaine. Voulez-vous savoir ce qui se passera dans les sociétés politiques? Commencez par vous informer de ce qui se passe dans les consciences. Or, il est évident que les consciences sont en mouvement aux États-Unis. Les obstacles énormes qui avaient entravé ce mouvement sont surmontés de toutes parts. Je n'en voudrais pour preuve que l'acte affligeant dont je viens de faire mention : la conduite de la Société des traités, la crise intérieure qu'elle subit, la réprobation qu'elle rencontre en Europe comme en Amérique. N'y a-t-il pas là des preuves palpables de cette vérité trop méconnue : la grande force morale qui est aux prises avec l'esclavage américain, c'est l'Évangile ?

Et comment en serait-il autrement? Quand nous n'aurions pas sous les yeux des faits positifs ; quand nous ne saurions pas qu'une classe entière de chrétiens, celle des quakers, s'est consacrée corps et biens au service des pauvres esclaves fugitifs ; quand nous ne reconnaîtrions pas la profonde empreinte puritaine dans le mouvement qui a colonisé le Kansas et dans celui qui a porté M. Lincoln à la présidence, ne serions-nous pas forcés de nous demander s'il est possible que l'Évangile demeure étranger à une lutte engagée pour la liberté? Il existe, Dieu merci, entre la liberté et l'Évangile des rapports étroits, éternels, indestructibles. Je connais une liberté qui contient en germe toutes les autres : la liberté des âmes ; or, qui donc, si ce n'est l'Évangile, a introduit cette liberté dans le monde? Rappelons-nous ce qu'était le paganisme antique : ni liberté des consciences, ni liberté des individus, ni liberté des familles, voilà sa définition exacte. L'État portait la main sur toute la partie intime de l'existence, sur les croyances des pères et sur l'éducation des enfants ; aussi l'esclavage moral était-il partout alors, et, si l'esclavage proprement dit avait fait défaut quelque part, il aurait fallu s'en étonner. Vient l'Évangile, et avec lui ce phénomène nouveau : la croyance individuelle, la vraie indépendance, fait son avénement ici-bas ; une liberté digne de ce nom paraît enfin parmi les hommes. Dès lors on voit des têtes qui se redressent et le despotisme trouve ses limites ; les plus humbles, les plus faibles lui opposent d'infranchissables barrières.

Ils n'y ont pas réfléchi, ceux qui essayent d'opposer ces deux choses : l'Évangile et la liberté. Et remarquez qu'aux États-Unis en particulier, l'Évangile et la liberté sont habitués à marcher ensemble ; ils ont abordé ensemble à la

Nouvelle-Plymouth avec les passagers de *la Fleur de Mai*. Pourquoi s'étaient-ils arrachés, les pauvres pèlerins, à toutes les habitudes de la famille et de la patrie, pour venir chercher, en plein hiver, asile sur un sol inconnu? Parce qu'ils aimaient l'Évangile et parce qu'ils voulaient la liberté, la première des libertés, celle de la conscience. Depuis le 21 décembre 1620, il y a eu sur les rives du nouveau monde le commencement d'un peuple libre, et libre par la forte influence de l'Évangile. Tous ceux qui ont étudié sincèrement les États-Unis ont ratifié ce jugement de M. de Tocqueville : « L'Amérique est le lieu du monde où la religion chrétienne a conservé le plus véritable pouvoir sur les âmes. » Ce pouvoir y est tel, qu'on le retrouve à la base de toutes les réformes durables. Dans ce pays, où l'idée d'autorité est fort affaiblie, il y a une autorité, celle de la Bible, devant laquelle le grand nombre s'incline et qui est d'autant plus considérable qu'elle obtient seule l'obéissance et le respect.

Si vous doutez du rôle décisif que remplit l'Évangile dans les débats américains, voyez le soin que mettent les partis à lui rendre publiquement hommage, les démocrates comme les républicains, M. Buchanan aussi bien que M. Lincoln. Puis considérez de plus près le parti républicain; n'y retrouvez-vous pas les traces visibles du puritanisme? Ce sont les anciens États, c'est la vieille Amérique, et c'est aussi la nouvelle Amérique des fermiers, des pionniers de la solitude occidentale, l'Amérique des défricheurs; c'est l'Amérique de la Bible et de l'école. Cette Amérique-là a, depuis longtemps, aboli l'esclavage et empêché son introduction dans les territoires qui reconnaissent son influence. Dans la dernière de ses cabanes vous trouverez les Écritures, des livres de cantiques, des rapports de sociétés religieuses; dans la plupart de ses familles, le culte domestique est célébré; dans ses réunions de prières, il n'est pas rare de voir des médecins, des avocats, des magistrats, des officiers de marine prendre publiquement la parole; ses hommes d'État ne se croient pas déshonorés parce qu'ils tiennent une école du dimanche; l'Évangile, en un mot, est chez elle une puissance à laquelle aucune autre ne se compare et en dehors de laquelle il serait puéril de supposer qu'on parvînt à accomplir rien de grand.

Or, l'action de l'Évangile peut ici se toucher du doigt : un fait chrétien très-considérable a précédé et préparé le fait politique dont nous sommes témoins, avant l'élection de M. Lincoln il y a eu le réveil. Le réveil américain, qu'il ne faut pas confondre avec ces *revivals* dont la description, et parfois aussi la caricature, nous a été transmise par les voyageurs ; le réveil, qui n'a eu ni extases ni sanglots convulsifs, et dont le trait distinctif a été un accent de simplicité et de conviction, a produit un de ces ébranlements profonds des consciences d'où sortent les résolutions généreuses. — La crise financière venait d'ébranler toutes les fortunes ; alors on se tourna vers Dieu et l'on se mit à prier. Sur une ligne de trois mille milles, où qu'on s'arrêtât, on trouvait une réunion, réunion simple, spontanée, dont les pasteurs n'avaient pas pris l'initiative, à laquelle ils assistaient sans la présider. Bientôt l'attention publique fut fixée sur ce mouvement dont on ne pouvait contester la grandeur ; les journaux les plus hostiles finirent par lui rendre hommage. Et il a duré, il subsiste encore; il a produit autre chose que des réunions et des prières, il a amené des réformes morales très-étendues; il a fermé par centaines les lieux de débauche et les cabarets. La marine militaire et commerciale des États-Unis en a spécialement subi l'influence; capitaines, officiers, matelots ont montré en grand nombre par leur vie que leurs habitudes de piété étaient mieux qu'une vaine forme; les vaisseaux américains sont peut-être les seuls, à l'heure qu'il est, où quelques groupes plus ou moins nombreux s'entretiennent des intérêts de leurs âmes et fassent retentir les louanges de Dieu à travers les solitudes de l'Océan.

En fortifiant l'élément religieux, en excitant la fibre puritaine de l'Amérique, le réveil a certainement contribué pour sa grande part au succès du parti qui s'oppose à l'esclavage. La Caroline du Sud le reconnaissait elle-même l'autre jour, quand elle insérait cette phrase dans sa déclaration d'indépendance : « L'opinion publique du Nord a donné à une grande erreur politique la sanction d'un sentiment religieux encore plus erroné. » Ce sentiment religieux qu'accusent les propriétaires d'esclaves, est-ce celui des esprits forts ou celui des chrétiens? Le Sud ne s'y trompe pas : il sait que les actes vraiment difficiles d'émancipation ne s'accomplissent ici-bas que par la puissance de l'Évangile. Il a vu la grande impulsion abolitioniste partir d'Angleterre et se propager aux États-Unis ; les journaux, les comités, les correspondances, tout indiquait que le mouvement anglais devenait mouvement américain et se continuait sous le même drapeau. Sous ce drapeau, et sous ce drapeau seul, il a vaincu. Il s'agit en effet ici d'une œuvre colossale, devant laquelle échoueraient toutes les forces purement humaines. S'il a fallu de si prodigieux efforts chrétiens pour donner la victoire à Wilberforce, que sera-ce au sein d'un pays où l'esclavage n'est pas relégué dans des colonies lointaines et où il a acquis avec les années de redoutables proportions ! Il est des abolitions aisées qui s'opèrent d'elles-mêmes en quelque sorte et qui sont comme le corollaire naturel d'une révolution politique ; ainsi celle qui s'est faite il y a quarante ans dans les républiques espagnoles. Bolivar, Quiroga et les autres chefs avaient besoin de s'appuyer sur toutes les classes de la population dans leur lutte contre l'Espagne : ils prirent le parti de supprimer l'esclavage. En adoptant cette résolution, ils accomplissaient un acte très-honorable, mais ils modifiaient peu la situation du pays, car les grandes cultures y étaient rares, les noirs et les blancs y étaient souvent assez peu nombreux, moins nombreux que les Indiens et les métis.

Si la raison politique a suffi alors, il est évident qu'elle serait loin de suffire aujourd'hui : il faut chercher ailleurs l'explication du mouvement qui, longtemps hésitant et comprimé, vient enfin de manifester aux États-Unis son irrésistible puissance. Nous y avons reconnu la main de l'Évangile; et il n'est pas indifférent qu'il en soit ainsi, car, si l'Évangile n'y a mis la main, un tel mouvement aboutira aux abîmes.

La responsabilité des chrétiens sera grande en Amérique; ils peuvent beaucoup pour la solution favorable d'un problème qui menace l'avenir de leur patrie et assombrit celui de l'humanité. Le moyen de pacifier ici, c'est de se prononcer; les prétentions du Sud, ses funestes progrès, le péril extrême que naguère encore il faisait courir à la Confédération, tout cela a tenu, bien plus qu'on ne s'imagine, aux regrettables hésitations des sociétés religieuses et des Églises. S'il avait été placé dès longtemps en face d'une doctrine évangélique très-déterminée, le Sud, qui, lui aussi, connaît, quoique dans une moindre mesure, l'influence de l'Évangile, aurait évité de tomber dans les excès auxquels il s'abandonne maintenant. Les fautes du passé sont irréparables, mais il est possible du moins d'en éviter le retour. Que toutes les Églises du Nord, que toutes les sociétés, que tous les chrétiens éminents prennent désormais avec fermeté la position qu'ils auraient dû occuper dès le début ; qu'ils présentent à leurs frères du Sud un point solide de ralliement, et les effets de cette conduite fidèle ne tarderont pas à se faire sentir. Il y a dans les États à esclaves, surtout dans ceux dont la position est intermédiaire, plus de trouble de pensées et plus de conflits de sentiments que nous ne le supposons en général. Autour de l'étendard de la foi chrétienne hautement déployé, beaucoup de gens honnêtes viendront se rallier, cela est certain.

Et qu'on ne vienne pas mettre en avant ce honteux prétexte : il y a des incrédules, des rationalistes, des libres penseurs dans les rangs de l'abolitionisme ! — Pourquoi pas ? Il est des questions qui, grâce à l'Évangile, sont entrées ici-bas dans le domaine de la morale commune. Déserterai-je ces questions-là, afin d'éviter le contact des hommes qui rejettent les doctrines essentielles du christianisme ? Elle me paraîtrait suspecte, je l'avoue, l'orthodoxie qui conclurait ainsi. Voltaire plaidant pour les Calas ne me fera pas tourner le dos à la liberté religieuse; Channing écrivant contre l'esclavage des pages où se révèle un cœur plus chrétien que sa doctrine, Parker mêlant ses nobles efforts en faveur des nègres à ses violences contre la Bible, ne m'éloignent pas d'une cause qui est la mienne avant d'être la leur.

Je dis plus, les préventions de ces hommes contre le christianisme me forcent à me demander si notre conduite, à nous chrétiens, n'est pas un des motifs principaux de leur scepticisme. Est-il bien sûr que Voltaire lui-même eût été l'adversaire que nous connaissons, s'il n'avait vu qu'on étouffait la pensée, qu'on écrasait les libertés, qu'on violait les consciences au nom de l'Évangile? Pour ce qui est de Parker, de Channing et des unitaires de Boston, ce même Évangile ne se serait-il pas présenté à eux sous un autre aspect, s'ils l'avaient vu à son poste, au poste d'honneur, en tête de toutes les idées généreuses et de toutes les vraies libertés ? Oui, il y a des abolitionistes qui ont rejeté la Bible parce qu'ils ont entendu soutenir, par certains orthodoxes, que la Bible est favorable à l'esclavage. Quiconque prêche cela tient école d'impiété.

CHAPITRE VI

L'ÉVANGILE ET L'ESCLAVAGE.

CHAPITRE VI

L'ÉVANGILE ET L'ESCLAVAGE.

Comment s'y est-on pris pour prêcher cela ? Je répondrai à cette question par deux autres : — Comment s'y est pris Bossuet pour écrire sa *Politique tirée de l'Écriture sainte*, pour proclamer au nom de la Bible la monarchie obligatoire, le droit divin, l'autorité absolue des rois, le devoir de détruire par la force les fausses religions, le devoir de soutenir officiellement la vraie, le devoir d'avoir un budget des cultes, le devoir d'unir l'Église et l'État, sans parler de son apologie biblique de la guerre, à l'usage de Louis XIV ? Comment s'y prenaient, à leur tour, certains docteurs parmi les têtes rondes, pour proclamer le droit divin des républiques et pour ordonner le massacre des nouveaux Amalécites ? La méthode est bien simple : il ne s'agit que de confondre la loi et l'Évangile. Une fois cette confusion opérée, les institutions politiques et civiles de l'Ancien Testament perdent leur caractère temporaire et local, et l'on en vient à chercher dans le Nouveau Testament ce qui n'y est pas, des institutions politiques et civiles.

Que l'Évangile ne soit pas la loi, c'est une vérité qui a fait son chemin depuis le XVIIe siècle et que l'on ne conteste plus aujourd'hui, excepté, semble-t-il, dans le camp des champions de l'esclavage. L'Évangile, qui s'adresse à tous les peuples et à tous les temps, n'a pas prétendu les faire entrer dans l'étroit vêtement de l'ancienne nation juive; il n'a pas prétendu davantage « coudre un morceau de drap neuf au vieil habit, car le drap neuf emporte l'habit et la déchirure en est plus grande. » Je parle ici au point de vue de ceux qui, dans la loi comme dans l'Évangile, dans l'Ancien Testament comme dans le Nouveau, vénèrent la parole infaillible de Dieu. Une révélation, pour être divine, ne laisse pas d'être progressive, et rien n'exige que toutes les vérités soient promulguées en un seul jour. Si Dieu a jugé convenable de donner à son peuple, pour l'époque où elle lui était nécessaire, une législation appropriée à son état social, cette législation, divinement donnée alors, pourra aussi être divinement abrogée plus tard. Et c'est ce qui a eu lieu. Ceux qui nous citent les versets de l'Ancien Testament sur l'esclavage paraissent avoir oublié ce mot de Jésus-Christ, prononcé à propos d'une autre institution, le divorce : « C'était à cause de la dureté de vos cœurs. » Oui, à cause de la dureté des cœurs, Dieu a établi chez les Israélites, incapables alors de s'élever plus haut, des règlements provisoires, parfaits au point de vue de sa condescendance, mais très-imparfaits, il le déclare lui-même, au point de vue de la vérité absolue [1]. Quiconque ne tiendra pas compte de ce grand fait trouvera dans les livres de Moïse et des prophètes, ou des prétextes pour pratiquer aujourd'hui ce qui n'a été toléré que pour un temps, ou des prétextes pour attaquer l'Écriture en s'indignant de ce qu'elle contient.

1. Ces règlements provisoires et imparfaits n'en paraissent pas moins admirables, quand on les compare, non pas seulement aux législations des autres peuples de l'antiquité, mais à celles qui régissent aujourd'hui même les États du Sud. D'après les lois de Moïse, l'esclave juif devient toujours libre au bout de sept ans. L'esclave étranger devient libre aussi, lorsque son maître l'a blessé en le maltraitant ; il a le droit de témoigner en justice ; il a le droit d'acquérir et de posséder.

L'ÉVANGILE ET L'ESCLAVAGE.

C'est donc Jésus-Christ lui-même qui a tracé la ligne de démarcation entre la loi et l'Évangile, qui a signalé la fin des institutions locales et temporaires. Aurait-il révélé d'autres institutions, définitives cette fois? Pour se former une telle idée de l'Évangile, il faudrait ne l'avoir pas ouvert. L'Évangile n'est pas un Koran. Dans le Koran, on trouve sans doute et les lois civiles, et les lois criminelles, et les principes de gouvernement; les apôtres n'ont pas mis une seule fois le pied sur ce terrain. Se représente-t-on ce qu'aurait été leur œuvre, s'ils avaient substitué une révolution sociale à une révolution spirituelle, s'ils avaient touché en particulier à la question de l'esclavage, qui tenait aux assises mêmes du monde antique! Et ici je désire que ma pensée soit bien comprise : je ne prétends pas que les apôtres aient connu l'illégitimité de l'esclavage, et que, par habileté, pour ne pas compromettre leur œuvre, ils aient évité de la signaler. Non, certes, les choses se passaient plus simplement. Ils avaient, selon toute apparence, les idées de leur temps, et Dieu ne leur avait rien révélé sur ce sujet, voulant que l'abolition de l'esclavage, comme toutes les conséquences sociales de l'Évangile, se produisît par la voie morale, qui va du dedans au dehors, qui change le cœur avant de changer les actes

A l'époque des apôtres, il y avait bien d'autres iniquités que l'esclavage; jamais ils n'écrivent un mot pour les condamner. Ils font des allusions à la guerre, et ils ne disent rien de ces horreurs sans nom dont elle était accompagnée alors; ils parlent de l'épée remise au prince pour punir les crimes, et ils ne disent rien de ces supplices atroces parmi lesquels il faut citer en première ligne la crucifixion; ils emploient des images empruntées aux jeux publics, et ils ne disent rien ni des combats de gladiateurs ni des abominations qui souillaient d'autres spectacles; ils rappellent sans cesse les relations réciproques des époux, des parents et des enfants, et ils ne disent rien de l'autorité despotique que la loi romaine conférait au père, de l'abaissement auquel elle condamnait la femme. Voilà la méthode évangélique : elle ne s'est pas occupée des sociétés, et elle a opéré la plus profonde des révolutions sociales; elle n'a réclamé aucune réforme, et elle les a toutes accomplies; les atrocités de la guerre et celles des supplices, les combats de gladiateurs et les spectacles impudiques, le despotisme des pères et l'abaissement des femmes, tout a disparu devant une action profonde, intérieure, qui s'attaque aux racines mêmes du mal.

Non-seulement l'Évangile se refuse à toucher aux problèmes sociaux et politiques; mais, sur le terrain même de la morale, il se refuse à fournir des solutions détaillées. Sa morale est très-courte, et c'est par là qu'elle est grande, c'est par là qu'elle est une morale au lieu d'être une casuistique. Des cas de conscience, des directions spéciales, un code moral promulgué article par article, vous ne trouverez chez lui rien de pareil. Ce que vous y trouverez, et ce que vous ne trouverez que là, c'est une morale grandissante, qu'on me passe l'expression. Deux ou trois mots ont été écrits il y a dix-huit siècles, et ces mots contiennent en germe une série de commandements, de transformations, de progrès, que nous ne sommes pas près d'avoir épuisés. Je parlais tout à l'heure du progrès des révélations : il faudrait parler maintenant du progrès qui s'opère en vertu d'une révélation toujours la même mais toujours mieux comprise et qui multiplie nos devoirs à mesure qu'elle éclaire notre conscience. Avec ce seul mot : « Tout ce que vous voulez que les hommes vous fassent, faites-le-leur aussi vous-mêmes, » l'Évangile a ouvert devant nous les perspectives infinies du développement moral.

En présence de ce seul mot, les cruautés et les infamies de la société antique, dont les apôtres n'avaient pas parlé, ont succombé successivement; en présence de ce seul mot, la famille moderne s'est formée; en présence de ce seul mot, l'esclavage américain disparaîtra, comme l'esclavage européen a déjà disparu. Avec ce mot, nous sommes tous en route, nous apprenons et nous apprendrons encore. Oui, le temps viendra, j'en suis convaincu, où nous verrons de nouveaux devoirs surgir devant nous, où nous ne pourrons plus, en bonne conscience, maintenir des usages, je ne sais lesquels, que nous maintenons consciencieusement aujourd'hui.

Ceci mène un peu plus loin, on en conviendra, qu'une liste de devoirs arrêtée *ne varietur;* ceci est autrement fort contre l'esclavage lui-même qu'une sentence prononcée une fois pour toutes. L'Évangile a pris le moyen le plus sûr pour le renverser, lorsque, laissant là la réforme des institutions, il s'est contenté de poursuivre celle des sentiments; lorsqu'il a préparé ainsi le temps où le propriétaire d'esclaves serait forcé de se demander, lui aussi, ce que renferme cette inépuisable parole : « Les choses que vous voulez que les hommes vous fassent, faites-les-leur aussi vous-mêmes. » Même au sein des États du Sud, en dépit de la triple enveloppe des habitudes, des préventions et des intérêts, cette parole fait son chemin, elle remue les consciences bien plus qu'on ne l'avoue. Et l'œuvre qu'elle a commencée, elle l'achèvera; elle forcera les planteurs à *traduire* le mot ESCLAVAGE, à considérer une à une les pratiques abominables qui le constituent. Vendre une famille au détail, est-ce faire aux autres ce que nous voudrions qu'ils nous fissent? Maintenir des lois qui livrent toute esclave, fille ou mariée, à son propriétaire quel qu'il soit, et qui ôtent à cette fille, à cette femme mariée, le *droit* de se souvenir de sa pudeur et de ses devoirs, comment des chrétiens appelleront-ils cela? Produire des nègres de vente, opérer la remonte des nègres, briser les mariages, ordonner les adultères, infliger des châtiments ignobles, interdire l'instruction, est-ce faire aux autres ce que nous voudrions qu'on nous fît?

La conscience chrétienne est impitoyable, Dieu merci; elle ne se laisse pas tromper par les apparences; où nous contestons sur les mots, elle nous force à aller jusqu'aux choses. Or, voilà les choses dont il s'agit réellement en Amérique, quand on y discute théoriquement la question de l'esclavage. Contre la grande morale évangélique les interprétations judaïques de tel ou tel texte n'ont pas beau jeu. On nous cite l'épître de Paul renvoyant à Philémon son esclave fugitif, Onésime ! Assurément, l'apôtre n'y prononce pas d'anathème contre l'esclavage, il n'y exige pas d'affranchissement, ces pensées lui étaient étrangères ; mais voici ce qu'il dit : « Je t'exhorte au sujet de mon enfant que j'ai engendré dans mes liens..... Je te l'ai renvoyé ; toi donc, reçois-le : ce sont mes entrailles..... Je n'ai rien voulu faire sans ton avis, afin que ce soit, non par contrainte, mais volontairement que tu fasses le bien. Peut-être n'a-t-il été séparé de toi pour un temps, qu'afin que tu le recouvrasses pour l'éternité, non plus comme un esclave, mais comme au-dessus d'un esclave, comme un frère bien-aimé..... Je t'ai écrit, persuadé de ton obéissance, sachant que tu feras même au delà de ce que je dis. »

Quelqu'un se figure-t-il, après cette épître, Philémon traitant Onésime comme on traite en Amérique les esclaves fugitifs, ou bien mettant en vente quelque temps après la femme et les enfants d'Onésime, ou enfin livrant Onésime au premier marchand d'esclaves qui voudra s'en charger et l'emmener à cent lieues de là ? Il est si vrai que Philémon a fait au delà de ce qui lui avait été dit, que l'épître aux Colossiens nous montre « le fidèle et bien-aimé frère Onésime » honorablement mentionné parmi ceux qui s'occupent des intérêts spirituels de l'Église.

Il y a, quoi qu'on fasse, une abolition implicite de l'esclavage (implicite, mais positive) au fond de cette fraternité étroite que crée la foi au Sauveur. Entre des *frères* les relations de maître et d'esclave, de vendeur et de marchandise, ne sauraient subsister à la longue. Débiter sur une table d'encan ou livrer aux traitants qui font leur remonte une âme immortelle pour laquelle Christ est mort, c'est une énormité devant laquelle la conscience chrétienne finira toujours par reculer. « Là, est-il écrit, il n'y a ni grec ni juif, ni circoncision ni incirconcision, ni barbare ni Scythe, ni esclave ni libre, mais Christ y est tout en tous. » Que les propriétaires d'esclaves se demandent ce que signifie une pareille vérité, ce qu'elle suppose et ce qu'elle exige. Qu'ils se demandent ce qu'ils diraient aujourd'hui même, si l'épître à Philémon leur était adressée à eux; et elle leur est adressée; les Onésimes du Sud (il y en a) sont placés ainsi sur la conscience de leurs maîtres, qui sont leurs frères.

J'en ai dit assez pour me dispenser de l'examen des passages, fort nombreux, où l'esclavage est *supposé* par les écrivains du Nouveau Testament. Les devoirs des maîtres et ceux des esclaves y sont établis sans aucun doute et l'institution existante n'est pas contestée un seul instant; seulement, elle est placée en présence de ce qui la tuera; la doctrine du salut par Christ, du pardon, de l'humilité, de l'amour, est par elle-même, et sans qu'il soit nécessaire de l'exprimer, la négation absolue de l'esclavage.

Elle l'a bien prouvé, et les premiers siècles du christianisme ne laissent pas de doute sur l'interprétation que les chrétiens ont donnée aux enseignements des apôtres. Malgré la corruption rapide qui s'introduisait dans les églises, nous voyons un fait s'y produire avec éclat : les affranchissements se multiplient, les esclaves parviennent aussi bien que les hommes libres aux offices ecclesiastiques, l'égalité spirituelle produit le fruit qu'elle ne peut pas ne pas produire, l'égalité légale. Aussi faut-il voir comme les édits des empereurs se multiplient, dès que l'influence du christianisme s'exerce au sein du monde romain! Et tous ces édits ont pour but d'adoucir la servitude, de multiplier les affranchissements de plein droit, de faciliter les affranchissements volontaires.

Ce que l'Évangile a fait alors contre l'esclavage européen, il le fait maintenant contre l'esclavage d'Amérique. Son but est le même, ses armes sont les mêmes; elles ne se sont pas rouillées depuis dix-huit cents ans. Ils ne s'y trompaient pas, ces planteurs des îles anglaises qui, devinant d'instinct où était leur grand ennemi, recouraient à tous les moyens pour expulser les missionnaires. Ils ne s'y trompent pas davantage, ces bourreaux du Texas qui viennent de mettre à mort le missionnaire Bewley, touchant martyr de la cause des esclaves. Je le demanderai en face de la potence de Bewley, que faut-il penser de ce prodigieux paradoxe d'après lequel l'Évangile serait le patron de l'esclavage? A ceux qui le méconnaissent à ce point, l'Évangile répond par ses actes; il répond aussi par le témoignage unanime de ses serviteurs. Quoi de plus frappant, en effet, que de voir qu'en dehors des pays où l'action des intérêts et des habitudes trouble le jugement des chrétiens, ils n'ont en cette matière qu'une seule façon de comprendre et d'interpréter l'Écriture? Consultez l'Angleterre, la France, l'Allemagne, partout les chrétiens vous diront que l'Évangile a aboli l'esclavage, quoiqu'il n'ait pas dit un mot qui proclamât cette abolition.

Pourquoi, si le doute était possible, la diversité des opinions ne serait-elle pas possible aussi parmi les juges désintéressés? Voici, pour ne parler que de la France, les synodes de nos églises libres qui ne cessent de flétrir à la fois l'intolérance suédoise et l'esclavage américain; voici une adresse signée il y a trois ans par les pasteurs et les anciens de 571 églises françaises, qui est allée porter aux États-Unis le témoignage non suspect d'une conviction qui est bien celle de tous.

Il me semble que notre démonstration est complète. Que serait-ce si j'ajoutais que l'esclavage américain, qu'on prétend placer (si étrangement) sous la protection de la parole des apôtres, n'a rien de commun avec celui que les apôtres ont connu! La chose est pourtant certaine. L'esclavage des États-Unis est fondé sur la couleur, c'est l'esclavage des *nègres*. Or, ceci est un fait tout nouveau dans l'histoire des hommes, un fait monstrueux, qui modifie profondément la nature de l'esclavage. Avant Las Cazas, ce créateur vertueux de la traite, dont le nom renferme à lui seul tout un commentaire de la maxime : « Faisons le mal afin qu'il en arrive du bien, » avant Las Cazas, personne n'avait inventé de rattacher l'esclavage à la race. Or, l'esclavage rattaché à la race est le plus difficile à déraciner, car il y a là un signe indélébile d'inégalité, un signe que la loi n'a pas créé et que la loi ne peut pas détruire.

Tel n'était pas l'esclavage qui s'offrait aux regards des prophètes et des apôtres; il n'était pas question alors d'une servitude normale, de plein droit, appuyée sur une infériorité native et indestructible, il s'agissait d'une servitude accidentelle entre égaux, que les chances de la guerre avaient fait naître et que l'affranchissement supprimait en entier. Tout autre est l'esclavage qui tient à la race et qui, on peut le dire, suppose une malédiction; celui-ci subsistera quoi qu'on fasse, il se survivra en quelque sorte à lui-même; il trouvera, d'ailleurs, dans l'idée d'une dispensation providentielle l'excuse naturelle de ses excès. Cet esclavage-là, la Bible le condamne de la façon la plus formelle. Si ses champions osent supposer deux espèces, la Genèse leur montre tous les hommes sortant d'un seul homme, et l'Évangile leur raconte la rédemption opérée en faveur de tous les descendants d'Adam; s'ils arguent de la malédiction prononcée contre Cham, l'Ancien Testament leur présente l'énumération détaillée des Chamites, vaste famille où les blancs figurent aussi bien que les noirs.

En résumé, il y a lutte à mort entre l'Évangile et l'esclavage sous toutes ses formes, et particulièrement sous la forme odieuse que la traite africaine lui a donnée dans les temps modernes. L'Évangile a été, est et sera à la tête de tout mouvement sérieux dirigé contre l'esclavage. Il importe qu'il en soit ainsi; c'est le seul moyen d'éviter les violences, les révoltes, les calamités extrêmes, dont les blancs et les nègres auraient également à souffrir. L'Évangile a cela d'admirable, qu'à côté des devoirs des maîtres il proclame ceux des esclaves; comme au temps des apôtres, il n'hésite pas à leur recommander la douceur, la soumission, la fidélité scrupuleuse, l'amour de ceux qui les maltraitent, l'exercice des vertus difficiles; il les fait libres au dedans, afin de les rendre capables de devenir libres au dehors.

Pour juger de cette méthode, on n'a qu'à comparer les misérables populations de Saint-Domingue et les beaux villages libres qui couvrent les îles anglaises. Qu'elle est vraie cette parole : « La colère de l'homme n'accomplit point la justice de Dieu! » Partout où la colère de l'homme s'est donné carrière, même pour châtier d'abominables iniquités, il est demeuré comme un anathème. Je tremble quand je songe aux révoltes qui peuvent éclater d'un moment à l'autre dans les États du Sud. Le sang versé, ne l'oublions pas, tacherait notre drapeau; au bon droit des esclaves on opposerait éternellement leurs crimes, et qui sait si de terribles revanches ne viendraient pas fondre sur eux!

La pensée se trouble à la seule image des horreurs qu'entraînerait la guerre civile. Puissent les chrétiens d'Amérique comprendre enfin d'une façon plus complète la grandeur du rôle que Dieu leur réserve et l'étendue des responsabilités qui pèsent sur eux ! — Prendre nettement position contre l'esclavage, enlever leurs derniers prétextes aux hommes sincères qui essayent de le concilier avec l'Évangile, organiser dans le Nord l'action d'une force morale immense, adresser au Sud des paroles senties de vérité et de charité, faire appel sans se lasser au cœur des maîtres et à celui des esclaves, préparer pour les moments difficiles cette garantie que rien ne remplace, la foi commune des noirs et des blancs, ne pas perdre courage alors même que tout semble perdu, pratiquer le métier des chrétiens, qui consiste à poursuivre et à réaliser l'impossible, montrer une fois de plus au monde quelle puissance réside dans la justice, c'est une noble tâche à accomplir.

CHAPITRE VII

LA CRISE ACTUELLE.

CHAPITRE VII

LA CRISE ACTUELLE.

Nous possédons maintenant les éléments principaux de notre solution ; nous pouvons aborder le problème que vient de poser la crise actuelle, et, ne nous bornant plus à l'appréciation du passé, jeter un regard sur l'avenir. Non pas certes que j'aie la prétention de prophétiser ; les prédictions de la politique, justement suspectes dans tous les temps, doivent l'être encore plus à notre époque, qui est celle de l'imprévu. Mais ce que j'ai le droit de faire, c'est de prouver que l'œuvre qui se poursuit en Amérique est, ainsi que je l'ai affirmé, une œuvre de relèvement, non de destruction. Les dangers au-devant desquels on s'avance ne sont rien, comparés à ceux vers lesquels on marchait naguère ; l'élection de M. Lincoln et la scission des États à coton ont introduit une situation nouvelle, où se laissent enfin entrevoir des chances réelles de salut.

J'ai nommé la scission ; que faut-il penser du principe sur lequel elle repose ? Cette question peut se remplacer par une autre : qu'est-ce qu'une confédération ? On la réduirait, ce qui est inadmissible, à n'être qu'une simple ligue d'États, qu'elle n'en demeurerait pas moins obligatoire pour chacun d'eux, tant que le but de la ligue ne serait pas atteint. Il n'a pas encore existé ici-bas de pacte fédéral ainsi conçu : « Les États qui en font partie n'y resteront que jusqu'au jour où il leur plaira d'en sortir. » Telle est cependant la formule à laquelle s'arrêtent les théoriciens du Sud. Parmi les doctrines anarchiques que notre siècle a vues éclore (et elles sont en nombre), celle-ci me semble devoir occuper une place d'honneur. Ce droit de séparation, c'est le *liberum veto* ressuscité au profit des institutions fédérales. De même que, dans les diètes à cheval de la Pologne, un seul vote contraire pouvait tout arrêter, en sorte qu'il ne restait plus qu'à voter à coups de sabre, de même les confédérations, si le droit de séparation y était reconnu, n'auraient d'autre ressource que la force brutale, car aucune grande nation ne saurait se laisser tuer sans se défendre.

Représentez-vous, je vous prie, les progrès que ferait sous un tel régime la démoralisation politique! Comme il n'y a pas une loi, une mesure qui ne déplaise à quelqu'un, il faudrait vivre en présence de ces menaces incessamment reproduites : « Si la loi passe, si la mesure est adoptée, si l'élection a lieu, si l'on ne fait pas toutes mes volontés, si l'on ne se plie pas à tous mes caprices, je m'en vais, je me constitue en État indépendant, je provoque la formation d'une confédération rivale. » Les mauvaises causes sont les plus promptes à menacer de la sorte; n'ayant rien d'honnête à dire en leur faveur, elles se font volontiers violentes, et le mot de Thémistocle trouverait ici son application très-légitime : « Tu te fâches; donc, tu as tort. »

Ce qu'il en résulterait, nous pouvons l'ima-

LA CRISE ACTUELLE. 171

giner. Aucune question ne s'apprécierait plus en elle-même, le despotisme des méchants serait établi, les expédients prendraient la place des principes, la peur ferait fuir la justice, les résolutions nationales ne seraient plus que des transactions et des marchés. C'était bien un peu là, convenons-en, ce qui se passait aux États-Unis, depuis que le Sud avait proclamé sa politique à outrance et placé ses prétentions sous la protection de ses menaces. Si on eût courbé une fois de plus la tête devant lui, tout était perdu ; la dignité, la liberté intérieure de l'Amérique achevaient de faire naufrage ; de tout ce noble système de gouvernement, il ne demeurait debout qu'une maxime : accorder toujours et partout ce qui est nécessaire pour empêcher la séparation du Sud.

Inconstitutionnelle en tous lieux, la théorie

de séparation l'est doublement aux États-Unis; le système fédéral y est plus concentré qu'ailleurs. C'est bien sans doute un système fédéral, les États particuliers y conservent le droit de régler souverainement leur législation particulière, de se gouverner comme ils l'entendent, de conserver même et de pratiquer des principes qui blessent profondément les autres parties de la Confédération; mais le pouvoir central est muni d'une compétence étendue.

Il a ses taxes, ses administrateurs, son armée, ses tribunaux; il possède sur le territoire des divers États des propriétés fédérales qui ne dépendent que de lui seul; enfin son gouvernement général et sa législation générale s'appliquent au maniement effectif de tous les intérêts essentiels de la nation. Je ne suis pas étonné que la Confédération américaine soit aussi fortement serrée et exclue mieux qu'aucune autre le prétendu droit de séparation ; les États qui s'unissaient vers la fin du dernier siècle avaient déjà l'habitude de marcher unis, ils étaient du même sang et avaient vécu sous le même empire; leur histoire, leurs intérêts, leurs mœurs, leur langue, leur religion, tout contribuait à les lier étroitement entre eux.

Aussi la question est-elle unanimement résolue aux États-Unis. En dehors des théories de circonstance récemment inventées par le Sud, on ne trouve personne en Amérique qui conserve le moindre doute sur l'impossibilité de modifier, par la décision violente de quelques-uns, la constitution commune qui contient l'énumération des États et qui ne peut être amendée qu'au moyen d'un acte solennel voté dans la forme spéciale que le pacte a réglé. M. Lincoln n'a fait qu'exprimer l'opinion générale, quand il s'est écrié l'autre jour : « L'Union est un mariage régulier, non une sorte de relation libre qui ne saurait être maintenue que par la passion. » — *Secession is revolution*, cet axiome politique a eu cours de tout temps aux États-Unis. C'est parce qu'ils sont autre chose qu'une juxtaposition d'États, qu'ils renferment, à côté d'un sénat où les États sont égaux, une chambre des représentants où le nombre des députés se proportionne aux populations. « Notre constitution, écrivait Madison, n'est ni un État centralisé, ni un gouvernement fédéral ; c'est un mélange des deux. » L'expérience faite entre 1776 et 1787 avait appris aux divers États la nécessité de donner un caractère plus concentré à leur fédération. Un serment, ne l'oublions pas, les engage à demeurer fidèles *à l'union perpétuelle*, et il n'y a pas un officier fédéral en Amérique qui n'ait juré de maintenir cette union.

Je ne m'appuierai pas de ce fait que la Confédération a acheté de ses deniers deux des États qui prétendent se séparer aujourd'hui, qu'elle a donné 75 millions à la France pour la Louisiane et 25 millions à l'Espagne pour la Floride; non, j'aime mieux en appeler à des précédents dont l'autorité n'est pas contestée et qui forment en quelque sorte le commentaire interprétatif de la constitution. Au siècle dernier, l'État de New-York, en adhérant à la Confédération, voulut se réserver précisément la faculté d'en sortir un jour si cela lui plaisait; mais une telle réserve fut écartée. A l'époque de la guerre de 1812 et des lois d'embargo, une convention des États de la Nouvelle-Angleterre se réunit à Hartford et parla de séparation éventuelle; aussitôt le parti du Sud eut soin d'assimiler à la trahison toute séparation non consentie, et cette doctrine fut soutenue par le *Richmond Inquirer*, organe de Jefferson. Lorsque, plus tard, la Caroline du Sud, coutumière du fait, osa proclamer cet acte de *nullification* qui était le prélude d'une renonciation complète aux devoirs fédéraux, on lui signifia nettement qu'on allait réprimer sa révolte à coups de fusil, et elle céda sur-le-champ. Lorsque la même Caroline du Sud abaissait l'autre jour le drapeau des États-Unis et déployait l'étendard du palmier, M. Buchanan lui-même proclamait (comment faire autrement?) l'illégalité flagrante d'un tel acte; il est vrai qu'après l'avoir déclaré illégal, il prenait soin de désavouer tout projet de donner force à la loi!

Et c'est précisément cette conduite de M. Buchanan qui explique la hâte prodigieuse que les Caroliniens ont mise dans leurs procédés. Ils savaient que le président actuel ne pouvait pas, le voulût-il, agir énergiquement contre son propre parti. Son inaction était assurée ; il y avait là deux mois d'interrègne qu'il fallait mettre à profit, afin que M. Lincoln, en arrivant aux affaires, se trouvât arrêté ou du moins gêné par la puissance du fait accompli.

Il semble que M. Buchanan ait tenu à donner lui-même le signal de la révolte. Le message qu'il a publié après la nomination de M. Lincoln est bien le document le plus extraordinaire qu'ait jamais écrit le chef d'un grand État ; il y déclare sans doute qu'une élection régulière ne peut pas à elle seule fournir un motif légitime aux violences du Sud ; toutefois il a soin d'ajouter que le Sud a droit de se plaindre, qu'on lui doit des réparations et des garanties, que, si on les lui refuse (c'est-à-dire si le Nord refuse de replacer sa tête sous le joug et de décréter à la fois la perte et la honte de l'Amérique), alors il sera temps d'agir.

Les Caroliniens ont pensé qu'il leur était permis de montrer un peu moins de prudence que le premier magistrat des États-Unis, puisqu'ils voyaient d'ailleurs leurs prétentions sanctionnées par lui. Pourquoi ne pas attaquer la Confédération pendant que son chef est décidé à la défendre le moins possible? — La faiblesse de M. Buchanan a justifié la confiance de la Caroline. Il a évité de placer dans les forteresses fédérales des troupes destinées à les protéger contre une attaque prévue; lorsqu'un brave homme, le major Anderson, a pris des mesures pour défendre le poste qui lui était confié, cette résistance imprévue qui dérangeait le programme a paru aussi intempestive à M. Buchanan qu'insolente aux habitants de Charleston; la dépêche du 30 décembre, adressée à leurs commissaires, justifie M. Buchanan du crime d'avoir envoyé des renforts; elle *excuse* en termes pitoyables la conduite du major Anderson, qu'on doit entendre avant de le condamner. En fait, Anderson a agi sous sa propre responsabilité, et a encouru le blâme du ministre de la guerre, lequel a opiné en plein conseil pour la reddition des forts.

Autant les États qui se séparent sont résolus, autant le gouvernement américain est timide. Notre génération, qui a vu de tristes spectacles, n'en a pas encore contemplé peut-être de plus humiliant. Des ministres dont l'un, à peine sorti du cabinet, est allé présider la convention séparatiste de Montgomery, dont l'autre avait pris soin (c'est le grand jury de Colombie qui l'atteste) de préparer à l'avance la révolte du Sud et de lui assurer les ressources d'argent, d'armes et de munitions qui allaient lui devenir nécessaires; des ministres qui votent ouvertement pour les insurgés et dont les tripotages financiers démontrés par une enquête, dont les manœuvres électorales toutes doublées de dilapidations aboutissent à une sorte de trahison politique désavouée par le seul général Cass; un cabinet aux abois qui essaye encore de continuer son ancien rôle en frappant de son veto le bill adopté par la législature du Nebraska pour prohiber l'esclavage dans son territoire; un gouvernement qui s'en va pièce à pièce de peur de se compromettre en résistant quelque part au Sud; connaissez-vous rien d'aussi honteux? — M. Buchanan aura fini comme il avait commencé : depuis quatre ans il luttait afin d'obtenir l'extension de l'esclavage, depuis un mois il favorise les plans de séparation en opposant sa force d'inertie à l'indignation croissante du Nord.

Ne pouvant tout empêcher, il fait du moins ce qui dépend de lui ; forcé d'envoyer quelques renforts, il les retire promptement, de manière, semble-t-il, à rendre facile l'attaque du fort Sumter et à décourager Anderson. Dans les mains d'un président qui aurait compris ses devoirs, les choses auraient marché bien différemment. D'abord le Sud aurait su à quoi s'en tenir et se serait souvenu du message du général Jakson, exigeant en 1833 le licenciement *immédiat* de ses milices; ensuite les mesures préalables de précaution n'auraient pas été systématiquement négligées; enfin, au premier symptôme de révolte, des vaisseaux de guerre en nombre suffisant seraient allés assurer à Charleston la perception régulière des taxes et le respect des propriétés fédérales. Rien n'est pacifique comme la résolution : vis-à-vis d'un gouvernement ferme, on y regarde à deux fois avant de se lancer dans les aventures; mais, avec M. Buchanan, il était à peu près impossible que les Etats à coton ne s'y précipitassent pas tête baissée. La répression qui viendra plus tard ne réparera pas le mal qu'il a fait. Les explications aussi viendront plus tard, trop tard; c'était au président à répondre sur-le-champ, et d'une manière catégorique, aux manifestes publiés par le Sud. Faire savoir aux États violents que leurs plans inconstitutionnels rencontreront un prompt châtiment, faire savoir aux États limitrophes que leur souveraineté n'est nullement menacée et qu'ils continueront à régler librement leurs institutions intérieures, dire à tous qu'il ne s'agit pas de discuter des plans d'abolition, dire à tous aussi qu'on protégera les majorités de *free soilers* dans les territoires et que les conquêtes de l'esclavage sont terminées, quel langage eût été plus propre que celui-là à isoler les États du golfe, à les arrêter peut-être ?

Je dis *peut-être*, parce que je sais que les passions étaient arrivées à un tel point d'exaspération, qu'un éclat semblait être devenu inévitable. Dans la Caroline du Sud, par exemple, le gouverneur avait recommandé d'avance aux deux Chambres de prendre des mesures pour se séparer si M. Lincoln était élu ; la commission spéciale était nommée et siégeait en permanence. Dans le Texas, M. Wigfall, sénateur, ne craignait pas de dire en appuyant M. Breckinridge : « Si un autre candidat que lui est élu, attendez-vous à des jours d'orage. Il pourra bien y avoir encore une confédération, mais elle ne comptera plus trente-trois États. » M. Jefferson Davis du Mississipi, M. Benjamin de la Louisiane, n'avaient pas tenu un langage moins explicite, annonçant qu'à la première défaite électorale du Sud, on aviserait à y former une confédération particulière, réclamée depuis longtemps par ses véritables intérêts.

Ce que le Sud appelait « ses intérêts, » ce qu'il avait fini par adopter comme un programme politique en dehors duquel il n'y avait pas de salut, c'était, nous l'avons vu, l'asservissement des majorités dans les territoires, la restriction de la souveraineté dans les États du Nord, la réforme des *liberty bills* qui refusaient les prisons de ces États et la coopération de leurs officiers aux agents fédéraux chargés d'arrêter les esclaves fugitifs, la faculté de promener l'esclavage dans la Confédération tout entière, le devoir d'étendre indéfiniment le domaine de l'esclavage. Qui payait Walker ? Qui recrutait sans cesse des aventuriers à lancer sur Cuba ou sur l'Amérique centrale? Qui avait préparé la liste bien connue des États à esclaves dont on comptait s'enrichir : quatre États à découper un jour dans le Texas (le Sud s'y était fait autoriser d'avance), trois États à créer dans l'île de Cuba, un nombre indéfini d'États à détacher les uns après les autres de l'Amérique centrale et du Mexique? Qui réclamait à voix haute le rétablissement de la traite africaine, seule capable de peupler un jour ces étendues nouvelles et d'abaisser le prix excessif des nègres fournis par les États producteurs? L'extrême Sud, c'est lui qui est en cause, voyait ainsi s'ouvrir devant lui des perspectives gigantesques auxquelles il s'était attaché avec frénésie. Or, déjà, en dépit de l'appui plus ou moins avoué de M. Buchanan, il avait cessé de réussir; il se sentait contrarié et contrecarré. Désormais toutes ses espérances s'étaient concentrées sur l'élection de 1860 :

qu'on juge de son désappointement, et de l'ardeur furieuse avec laquelle il a dû s'emparer alors de sa dernière ressource, de cette séparation, qui pouvait être dans ses mains, ou un moyen d'épouvanter le Nord et de le ramener sous le joug, ou un moyen d'entrer seul dans de nouvelles destinées, d'avoir ses coudées franches et de se consacrer en entier à la propagande de l'esclavage !

Les faits sont connus, je ne songe pas à les raconter. Je me contente de signaler l'enthousiasme qui règne dans la plupart des États à coton. On ne se suicide pas de meilleure grâce. Il est aisé de reconnaître là un de ces pays hermétiquement fermés à la contradiction, où l'on s'enchante de soi-même, où l'on finit par accomplir les choses les plus horribles avec une sorte de jubilation consciencieuse. Cet enthousiasme qu'on met à proclamer la séparation ou à tirer sur le pavillon américain, on le met à délivrer un capitaine négrier, noble martyr de la cause populaire. Il y a quelque chose d'effrayant dans l'entraînement des passions mauvaises. Quand je considère la folie du Sud, qui met si lestement le feu au premier canon dirigé contre ses confédérés, quand je le vois donnant sans hésiter le signal d'une guerre où il court risque de périr, quand je lis ses lois qui décrètent la peine de mort contre quiconque attaquera l'État du palmier et ses dépêches où la destitution du major Anderson est exigée du ton qu'un maître emploie envers un serviteur indocile, je me demande, en vérité, si la crise actuelle pouvait être évitée et s'il faut moins qu'une rude leçon pour ouvrir des yeux si obstinément fermés à la lumière.

On a paru prendre au sérieux les plans de confédération méridionale. Rien ne serait plus sérieux, en effet, si cela avait la moindre chance de réalisation durable. Les quinze États du Sud, déjà immenses, s'adjoignant le Mexique, Cuba, l'Amérique centrale, quelle puissance ! Et cette puissance ne s'arrêterait pas sans doute à l'isthme de Panama ; l'esclavage ne serait pas plus difficile à rétablir dans la Bolivie, dans l'Équateur ou dans le Pérou que dans le Mexique. Ainsi « l'institution patriarcale » irait rejoindre le Brésil, et l'œil épouvanté ne trouverait plus à se reposer sur un seul point libre entre la baie de Delaware et les bords de l'Uruguay. Bien plus, cette colossale geôle de noirs s'approvisionnerait par une traite non moins colossale ; les baracoons se rempliraient de nouveau en Afrique, les chasses d'esclaves s'organiseraient sur une échelle jusqu'à présent inconnue, des escadres entières de négriers (ces « enfers flottants ») promèneraient leur cargaison sous le pavillon méridional fièrement déployé; on verrait de patriotiques indignations s'élever au seul nom du droit de visite, et l'on convierait le monde entier à la défense de la liberté des mers.

Tel est le projet, dans sa majestueuse unité. Tel est le beau idéal que l'extrême Sud espérait atteindre par son union avec le Nord, et qu'il cherche à atteindre maintenant par sa séparation. Les cœurs y palpitent à cette pensée, et bien des hommes sont prêts à donner héroïquement leur vie afin d'en assurer l'accomplissement. Hélas! nous sommes ainsi faits; la passion excuse tout, transfigure tout!

Chacun sent instinctivement d'ailleurs, qu'aucune des parties du plan ne peut se séparer de l'ensemble, qu'il faut être grand pour être respecté, que, pour peupler d'esclaves ces vastes étendues, la traite africaine est indispensable. Assurément, on n'a garde d'avouer tout cela dès le premier jour; il faut d'abord essayer de faire illusion aux autres et peut-être à soi-même; il faut se faire accepter. Aussi les politiques prudents qui viennent de rédiger les programmes du Sud ont-ils eu soin d'y inscrire la prohibition de la traite africaine et le désaveu des projets de conquête. Mais cela n'empêchera pas les nécessités de la situation de se produire inexorablement plus tard. Les vrais programmes, ceux qui répondent aux situations, ne se changent pas du jour au lendemain. Je défie les États à esclaves, pour peu que leur confédération parvienne à vivre, de ne pas chercher à s'étendre vers le midi; cernés de partout par la liberté, incessamment provoqués par l'impossibilité où ils se trouveront d'empêcher la fuite de leurs noirs, ils se jetteront sur ceux de leurs voisins qui sont le moins capables de leur résister et dont le pays est le plus à leur convenance. C'est chose évidente, comme il est évident aussi qu'on recourra à la traite africaine, afin de peupler ces territoires nouveaux. On a beau le nier à cause de l'Europe et surtout à cause des États limitrophes, les nécessités subsisteront, et, tôt ou tard, elles se feront obéir. S'il est des États limitrophes qui tiennent à se faire illusion sur ce point et qui s'imaginent conserver toujours leurs infâmes fournitures de nègres vendues à un prix énorme, cela les regarde. En tous cas, l'illusion finira par se dissiper. Ce n'est pas quand on a nommé M. Jefferson Davis président des États confédérés qu'on peut espérer la répudiation définitive des projets dont cet homme politique est en quelque sorte la représentation vivante.

Mais, le jour où l'on y reviendra, on verra surgir devant soi un invincible obstacle à la réalisation d'un plan monstrueux? Dès que la traite africaine sera établie, la traite intérieure cessera, les revenus des États producteurs seront supprimés, la valeur des esclaves baissera, et la fortune des planteurs baissera dans la même proportion. Est-il bien certain que tous acceptent des chances de guerre civile, d'insurrections serviles et de massacres, pour s'assurer des chances de ruine en cas de succès? Est-il bien certain surtout que l'Europe prête les mains, ainsi que nous avons l'air de l'imaginer, au plus audacieux attentat qu'on ait dirigé contre la civilisation chrétienne?

Je sais qu'il faut faire toujours la part des

lâchetés probables et je suis très-loin de rêver, par le temps qui court, je ne sais quelle Europe chevaleresque refusant de servir ses intérêts, parce que ses intérêts coûteraient quelque chose à ses principes. Non, certes, je ne me figure pas cela; et pourtant, je croirais faire tort au XIX° siècle si je le supposais capable de certaines choses. Il est des sentiments qu'on ne provoque pas impunément à outrance. Rappelons-nous le frisson qui parcourut le monde, le jour où l'on apprit que le Texas, pays libre, était transformé en pays à esclaves par l'effet de la victoire des États-Unis; multipliez par dix, par vingt le crime du Texas, et vous aurez une image affaiblie de l'impression de dégoût que la république méridionale va provoquer au milieu de nous.

Il faut bien qu'on le sache d'avance à Charleston et qu'on ne se fasse pas d'illusion sur le genre d'accueil que doivent espérer l'État du palmier et ses complices. Non-seulement leur indépendance prétendue ne sera reconnue aujourd'hui par personne, parce que, la reconnaître, ce serait fouler aux pieds le droit évident des États-Unis, mais ils soulèveront une de ces répulsions morales dont la politique la moins scrupuleuse est forcée elle-même de tenir compte. Autre chose est d'avoir des esclaves, autre chose de se fonder tout exprès pour servir ici-bas la cause de l'esclavage; ceci est un fait nouveau dans l'histoire des hommes. S'il y a jamais une Confédération du Sud ayant pris rang parmi les nations, elle représentera l'esclavage et rien de plus. Je me trompe, elle représentera aussi la traite africaine et le programme des flibustiers. En tout cas, la Confédération du Sud sera tellement identifiée avec l'esclavage, avec ses progrès, avec les mesures destinées à le propager et le perpétuer ici-bas, qu'une chaîne et un fouet semblent devoir être les seules armoiries à broder sur son pavillon.

Ce pavillon couvrira-t-il la marchandise humaine qu'il est destiné à protéger contre l'intervention des croiseurs? Y aura-t-il un pays, y aura-t-il un cœur assez oublieux de sa dignité, pour tolérer ce défi insolent jeté à nos meilleures sympathies? J'en doute et je conseille aux Caroliniens d'en douter aussi. Déjà, dit-on, le représentant de l'Angleterre à Washington a déclaré qu'en présence de la traite ainsi pratiquée son gouvernement n'hésiterait pas, qu'il irait chercher les négriers jusque dans les ports du Sud. La France ne tiendra pas un langage moins ferme; quels que soient les dissentiments au sujet du droit de visite, le *droit des négriers*, soyons-en sûrs, ne sera admis par personne; on trouvera bien une police des mers pour en finir avec eux ; au besoin on infligera aux équipages de traite les châtiments réservés à un crime bien moindre, celui de piraterie : on pendra haut et court ces misérables à leurs vergues, sans forme ni figure de procès.

Les Caroliniens s'abusent étrangement ! Ils se figurent qu'on les ménagera, qu'on les protégera même, parce qu'ils soutiennent le principe du libre échange et parce qu'ils ont chez eux le grand marché du coton. Le coton, le libre échange, voilà les deux recommandations sur lesquelles ils comptent pour se faire accueillir en Europe. — Voyons ce qu'il en faut penser.

Je ne serai pas suspect dans ce que je vais dire du libre échange, moi qui en ai toujours été le partisan déclaré, moi qui le soutenais il y a bientôt vingt ans comme candidat au sein d'un des colléges électoraux de Paris et qui ai applaudi sans réserve à notre récent traité de commerce avec l'Angleterre; mais l'homme ne vit pas de pain seulement, et s'il se trouvait jamais quelque part une école de liberté commerciale qui poussât l'adoration de son principe jusqu'à lui sacrifier d'autres et plus nobles libertés, une école disposée à mettre la question de bon marché au-dessus de la question de justice et à tendre la main à quiconque lui offre des débouchés, il n'y aurait pas assez de malédictions pour une telle école. Que l'Angleterre y prenne garde, des gens qui ne l'aiment pas se plaisent à nous annoncer que ses sympathies vont se mesurer à ses intérêts et que le protectionisme des États du Nord risque de la blesser beaucoup plus que l'esclavage des États du Sud. Il n'en sera rien, j'en suis convaincu, et nous allons voir une fois de plus quelle est l'influence du sentiment chrétien chez les Anglais. Dans le cas contraire, il faudrait vraiment se voiler la face et livrer ce vil mercantilisme décoré du nom de libre échange à toutes les sévérités de l'opinion.

Je répète qu'il n'en sera rien. D'ailleurs, ne nous exagérons ni les instincts protectionistes du Nord, ni les tendances libre-échangistes du Sud. Le nouveau tarif qu'on vient de voter à Washington (lourde faute assurément et que je ne cherche pas à pallier) a été amendé de telle sorte, qu'il a perdu ce caractère de prohibition dont certains États auraient voulu le revêtir. Ne l'oublions pas, à côté de la Pensylvanie, qui pousse à l'élévation excessive des taxes, le Nord compte un nombre considérable d'États agricoles dont l'intérêt est fort différent. Or, ces États sont ceux qui ont nommé M. Lincoln, ceux qui désormais pèseront du poids le plus décisif sur les destinées de l'Union. On peut être tranquille, la réaction protectioniste qui vient de triompher en partie ne triomphera pas toujours. Toutes les libertés se tiennent : la liberté du commerce aura son jour aux États-Unis.

Mais, si toutes les libertés se tiennent, toutes les servitudes se tiennent aussi, et n'est pas libéral qui veut, même en matière commerciale. Les États du Sud tiendraient à l'être et on cherche à leur en donner la réputation. Toutefois, les faits sont peu d'accord avec ce brillant programme. Loin de proclamer le libre échange, les États « confédérés » ont maintenu, par acte solennel, adopté le 18 février, le tarif de 1857. Ils ont été plus loin : leur congrès vient d'établir une taxe nouvelle, et relativement considérable, qui doit grever l'exportation du coton. Ceci n'est pas de la liberté commerciale, que je sache.

Néanmoins le mot d'ordre est donné, les champions de l'esclavage ont bien organisé leur manœuvre en Europe et elle se développe selon leurs désirs. S'indigner contre le nouveau tarif, ne parler que du nouveau tarif, faire au moyen du nouveau tarif une sorte de popularité à la république méridionale, tel est le but qu'on cherche à atteindre. Je doute qu'on l'atteigne pleinement, quoique le Sud, je le dis à notre honte, ait déjà su se procurer des amis et des prôneurs au milieu de nous. Les colères factices tomberont sans doute ; mais reste le coton : au fond, c'est bien plus sur le coton que sur le libre échange que le Sud a compté pour mettre le vieux monde dans ses intérêts. En s'élançant dans une entreprise insensée dont il ne pouvait pas, si passionné fût-il, se dissimuler tous les périls, il s'est dit que son coton le protégerait. N'est-il pas le principal et presque l'unique producteur d'une matière première sans laquelle chômeraient les manufactures du monde entier? N'y a-t-il pas en Angleterre des millions d'ouvriers (le sixième de la population totale!) qui vivent du travail du coton? La richesse de la Grande-Bretagne n'est-elle pas basée sur le coton, qui fournit à lui seul les quatre cinquièmes de ses exportations manufacturières? Tout cela est vrai et on ne l'ignore pas à Manchester. Cependant que s'y passait-il l'autre jour? Un vaste meeting y était convoqué dans le but d'examiner précisément la grande affaire du coton et des périls que crée la crise actuelle des États-Unis. Je ne sache pas que parmi ces fabricants qui savent que leurs intérêts sont menacés, que parmi ces ouvriers qui savent que leurs moyens d'existence sont en jeu, que du sein de ce pays qui sait que la misère, la famine et les insurrections peuvent venir frapper à sa porte, il se soit élevé une voix, une seule, pour adresser une parole de sympathie aux États du Sud et pour leur promettre le moindre appui. C'est qu'il y a quelque chose qui passe avant les approvisionnements de fabrique et le pain même des familles : c'est, je suis heureux de le constater, le besoin de protester contre certains crimes. Au lieu de tendre la main aux séparatistes de Charleston, les manufacturiers anglais ont résolûment posé les bases d'une vaste société destinée à développer sur-le-champ, dans l'Inde, dans les Antilles, en Afrique, la production du coton cultivé par des mains libres. Voilà leur réponse, et, si vous vouliez connaître leurs plus secrètes pensées, vous n'auriez pas de peine à découvrir que les ambitions du Sud, sa turbulente politique, ses agressions sans prétexte, ses appels à la guerre civile sont loin d'exciter la gratitude du commerce anglais ou de provoquer sa confiance.

Chacun comprend en Angleterre qu'au point de vue des intérêts, la séparation du Sud est un coup mortel porté à la production cotonnière, qui n'aura plus ni le secours des avances, ni celui des entrepôts, et qui marche au-devant de ces catastrophes que peut entraîner un conflit armé. A un autre point de vue, plus élevé, l'opinion anglaise n'a pas fait attendre son verdict : déjà ses sociétés abolitionistes reprennent vie et commencent leurs démarches ; déjà, sous la pression du sentiment universel, la Cour du banc de la reine vient d'évoquer l'affaire du nègre Anderson, de remettre aux fortes mains de la métropole une question devant laquelle hésitait l'autorité judiciaire du Canada et de prononcer enfin un verdict d'acquittement.

Le dirai-je? le Sud dans ses calculs n'a tenu compte ni des hommes ni de Dieu. Dieu surtout semble avoir été mis en oubli, quoiqu'on se soit solennellement placé sous sa protection. Qui ne frissonnerait à l'énoncé de ces plans inouïs : Nous ferons ceci, puis nous ferons cela ; nous tiendrons l'Angleterre par le coton, nous allécherons la France par l'influence, nous aurons beaucoup de nègres, beaucoup de produits et beaucoup d'argent ! Et Dieu, qu'en pense-t-il? Partout ailleurs que dans la Caroline, cette question paraît redoutable, par delà ce que je ne puis exprimer.

Si le Sud a pris ses désirs pour des réalités en Europe, il a commis la même erreur en Amérique. Sa séparation n'a quelques chances (et quelles chances!) qu'à la condition d'entraîner tous les États à esclaves sans exception ; or, il ne semble nullement probable qu'une pareille unanimité, à supposer qu'on l'obtienne par surprise, réussisse à se maintenir. Les États éleveurs de nègres ne sauraient envisager l'avenir sous le même aspect que les États consommateurs. Leurs revenus sont basés sur les prix de la traite intérieure qui ne ressemblent en rien à ceux de la traite africaine ; demandez à la Virginie ou au Missouri de soutenir longtemps une politique dont le résultat doit être d'abaisser un jour la valeur de leurs esclaves de mille dollars à deux cents! On l'a si bien senti dans l'extrême Sud, que la constitution provisoire, votée à Montgomery, est combinée tout entière pour rassurer sur ce point les États producteurs.

—Ils craignent la traite africaine! Il n'y en aura

point. — Ils tiennent à vendre leurs nègres! On n'en achètera qu'à ceux d'entre eux qui feront partie de la Confédération méridionale.

C'est à eux à se demander maintenant si cette constitution de Montgomery (votée pour un an) leur garantit réellement quelque chose et s'il est possible que la traite africaine ne tente pas de renaître, pour peu que la Confédération méridionale parvienne à durer. Quoi qu'il en soit, ils en sont séparés par tant de motifs, qu'ils ne s'y rattacheraient aujourd'hui que pour s'en détacher demain. Je sais bien que les passions de l'esclavage règnent dans plusieurs des *Border States* et surtout dans la Virginie, aussi violemment peut-être que dans l'extrême Sud; je ne me dissimule pas que l'habitude de soutenir en commun une triste cause a créé entre les États frontières et les États à coton un vieux lien difficile à rompre. Mais voici ce que je dis : les entraînements de la première heure auront leur lendemain ; lorsque les États frontières verront commencer ces envahissements territoriaux qui doivent amener forcément à leur suite la traite africaine, lorsqu'ils sauront à quoi s'en tenir sur les belles promesses qu'on leur fait aujourd'hui pour les attirer, lorsqu'ils s'apercevront qu'en se séparant du Nord ils ont renversé eux-mêmes le seul obstacle qui s'opposât à la fuite de tous leurs esclaves, lorsqu'ils sentiront enfin peser sur eux, sur eux d'abord, les périls d'une lutte armée et d'une révolte de nègres, ils écouteront peut-être ceux de leurs citoyens qui maintenant déjà les pressent de se tourner du côté de la justice, de la justice et du salut. Par le petit nombre de leurs esclaves, par la nature de leur climat, qui rappelle celui de Marseille et de Montpellier, par les cultures auxquelles ils sont propres, par le nombre des manufactures qui commencent à s'établir chez eux, ils semblent devoir être amenés ou tout au moins ramenés un jour à la politique d'union. Ceci n'est pas une découverte : les *États à séparation* sont déjà connus, ils font bande à part. L'Amérique n'a pas oublié la retraite des sept, qui vint disloquer il y a quelques mois la convention démocratique réunie à Charleston. Ces sept, c'étaient la Caroline du Sud, la Floride, l'Alabama, le Mississipi, l'Arkansas, le Texas et la Louisiane, en d'autres termes tous les États qui les premiers ont voté la scission. La même liste se reproduit, avec l'addition de deux noms cependant, Géorgie et Caroline du Nord, le jour de l'élection présidentielle : ces neuf États ont seuls adopté la candidature de M. Breckenridge.

Voilà donc une distinction profonde qui tient

aux intérêts et aux tendances, qui s'est déjà manifestée, qui se manifestera de plus en plus et qui fera tôt ou tard le salut des États-Unis. Les États limitrophes ne sauraient se confondre définitivement avec les États à coton. Ils ont fait leurs preuves dans la dernière élection. Cinq d'entre eux, Tenessee, Kentucky, Delaware, Virginie et Maryland, ont pris alors une position mitoyenne en faisant un choix mitoyen, celui de M. Bell. Sans aller aussi loin, le Missouri a du moins protesté contre la candidature de M. Breckenridge en portant ses suffrages sur M. Douglas. Mais il y a mieux que cela : un adversaire déclaré de l'esclavage, M. Blair, a été élu représentant par ce même État à esclaves, le Missouri, la veille même du scrutin pour la présidence ; et le lendemain, ses amis votaient ouvertement en faveur de M. Lincoln, sans que personne osât annuler ces votes comme on l'avait fait il y a quatre années. M. Lincoln a obtenu ainsi quinze mille suffrages dans le Missouri, quatre mille dans le Delaware, quinze cents dans le Maryland, un millier dans le Kentucky et autant dans la Virginie. Ce n'est rien comme chiffre, c'est immense comme symptôme. Les États à esclaves de cette région intermédiaire renferment donc dans leur sein des hommes qui ne craignent pas d'attaquer « l'institution patriarcale. » N'a-t-on pas vu fonctionner l'autre jour un comité républicain à Baltimore, en plein Maryland? Ce même Maryland ne vient-il pas de rejeter, par le vote du peuple, l'infâme loi qu'avait adoptée sa législature et en vertu de laquelle les nègres libres qui ne quitteraient pas l'État devaient être réduits de plein droit en esclavage? Lorsque je me rappelle ces faits si considérables et si nouveaux, je comprends que ce soit un Kentuckien qui tienne tête au Sud derrière les murailles menacées du fort Sumter, et que le cabinet de M. Lincoln compte dans son sein des ministres appartenant à la région des États limitrophes.

On a trop peu tenu compte de la situation spéciale des États limitrophes, dans la prévision de l'avenir qui se prépare en Amérique. On s'est obstiné à nous présenter deux grandes confédérations et en quelque sorte deux États-Unis appelés à se partager le continent. Si quelque chose de semblable peut à la rigueur se produire, rien de semblable ne peut durer.

Sans doute il est des heures de vertige où tout doit être prévu, même l'impossible, et, qui sait? surtout l'impossible; cependant les États intermédiaires ne sauraient s'attacher pour toujours à une cause qui n'est pas la leur. Déjà, à côté des manifestations fâcheuses qui ont eu lieu dans la Virginie et dans la Caroline septentrionale, on a le droit de citer des démonstrations d'une autre nature. Le Missouri ne vient-il pas de décider prudemment, qu'en matière de séparation les décisions de sa législature ne seront valables qu'après ratification donnée par le peuple entier? Cela ne ressemble guère à l'empressement avec lequel on se précipite ailleurs dans la scission. Il est donc probable que les États-Unis conserveront ou ramèneront bientôt dans leur sein bon nombre d'États limitrophes. Auprès d'eux les États du golfe essayeront de former une nation rivale, aspirant à grandir vers le sud. Telle est la véritable étendue de la séparation qui se prépare.

A supposer que les projets deviennent un jour des réalités, il est permis de se demander s'il en résulterait pour les États-Unis un affaiblissement réel. A supposer même qu'une autre scission, fondée sur d'autres motifs, et que rien n'annonce quant à présent, s'opère aussi par delà les montagnes Rocheuses; à supposer que la république du Pacifique vienne à se fonder un jour, y aurait-il à s'inquiéter beaucoup de la Confédération américaine, parce qu'elle verrait se former sur ses flancs l'association des États du golfe, celle de la Californie et de l'Orégon? Qu'on ouvre une carte, on verra que le bassin du Mississipi, celui des lacs et les rivages de l'Atlantique ne sont nécessairement liés ni au golfe du Mexique (sauf le débouché indispensable de la Nouvelle-Orléans), ni aux pays qui se trouvent par delà le grand désert ou par delà les montagnes Rocheuses, au pays des Mormons ou des chercheurs d'or. L'unité n'est pas toujours le beau absolu, et il est des progrès peut-être qui doivent s'accomplir par la voie du fractionnement. Qui sait si une scission momentanée n'aura pas mission de résoudre certains problèmes insolubles sans cela? Qui sait si l'esclavage ne doit pas disparaître ainsi, dans l'effort même qu'il fera pour se fortifier en s'isolant? Qui sait s'il n'importe pas à la prospérité et à la puissance réelle des États-Unis d'échapper aux théories d'accaparement territorial, ces mauvaises conseillères qu'on écoutait trop? Qui sait enfin si un jour ne viendra pas où, les questions d'esclavage une fois vidées, de nouveaux liens fédéraux rattacheront au centre les parties qui s'en écartent aujourd'hui?

Je pose ces questions; je n'ai pas la prétention de les résoudre. En tous cas, l'imagination s'est donné carrière depuis quelque temps. On ne s'est pas contenté de la Confédération du Sud;

n'a-t-on pas inventé, et la prétendue Confédération du Pacifique dont je viens de dire un mot; et la Confédération centrale où viendrait s'abriter en commun les États limitrophes unis à deux ou trois États libres, tels que la Pensylvanie et l'Indiana? N'a-t-on pas supposé, par-dessus le marché (car on semble avoir besoin de découvrir à tout prix quelque part la dissolution des États-Unis), que les populations agricoles de l'Ouest, mécontentes du tarif récemment voté et mettant en pratique la nouvelle maxime d'après laquelle on recourt aux séparations au lieu de poursuivre des réformes, iraient demander un asile au Canada? Je n'ai pas à discuter de tels contes. Je suis convaincu, pour ce qui me concerne, que le principe de l'unité américaine est bien plus solide qu'on ne le dit; je vois là une seule race et presque une seule famille : on peut se diviser, on ne cessera pas d'être parents. La parenté reprendra ses droits. Pour le moment d'ailleurs la scission semble avoir un rôle providentiel à remplir. Elle facilite sous certains rapports les débuts de M. Lincoln; grâce à elle, la majorité hostile du sénat s'efface, les hésitations de la Chambre des représentants sont fixées, le gouvernement devient possible. En face des sénateurs et des représentants des États du golfe, je ne vois pas comment M. Lincoln serait parvenu à agir. L'année dernière encore, le sénat n'adoptait-il pas la proposition de M. Jefferson Davis contre la liberté des territoires? Le Congrès aurait entravé les unes après les autres toutes les mesures de la nouvelle administration. Maintenant, au contraire, le rôle du parti vainqueur va être aisé; sa prépondérance sera assurée dans les Chambres; la Cour suprême cessera bientôt de représenter les doctrines de l'extrême Sud et de rendre des arrêts Dred-Scott. C'est là un changement immense.

Le général Cass, en vérité, comprenait mieux que M. Buchanan les intérêts de l'esclavage, quand il demandait qu'on arrêtât vigoureusement dès l'origine les velléités de séparation.

CHAPITRE VIII

CONSÉQUENCES PROBABLES DE LA CRISE.

CHAPITRE VIII

CONSÉQUENCES PROBABLES DE LA CRISE

Le général Cass avait plus raison qu'il ne l'imaginait lui-même. En arrêtant dès le début, par une attitude vigoureuse et par le blocus, alors facile, de Charleston, le développement des projets du Sud, on ne lui aurait pas seulement rendu le service médiocre de maintenir ses moyens d'opposition au sein du Congrès, on lui aurait rendu le service inappréciable d'écarter les dangers de la guerre. Qu'est-il arrivé, au contraire ? Précisément ce qui devait arriver, le cœur humain étant tel qu'il est. Lorsque d'un côté se trouvent toute l'ardeur, toute l'activité, toute la résolution et, par-dessus le marché, tout le succès apparent; lorsque de l'autre se trouvent la langueur, l'hésitation, l'inaction, les honteuses reculades, il arrive presque infailliblement que les indécis sont entraînés par les fanatiques.

Qu'on y prenne garde, les chances de l'avenir courent risque de s'aggraver en ce moment. C'est aujourd'hui que les États limitrophes vont prendre parti, et c'est aujourd'hui, par conséquent, qu'il importe d'offrir à leurs irrésolutions naturelles l'appui d'une politique aussi ferme que modérée. Livrés sans défense aux sollicitations passionnées de l'extrême Sud, ils ne sont que trop exposés à céder, pour peu que la conduite du pouvoir fédéral leur donne lieu de croire que la séparation ne rencontrera pas d'obstacles sérieux.

Il faut se rappeler qu'il s'agit ici de sociétés ignorantes que dominent leurs préjugés, et qui, sur les questions se rattachant à la cause de l'esclavage, n'ont jamais toléré la moindre apparence de discussion. De telles sociétés sont capables de faire les plus énormes folies ; il y a chez elles des paniques, des résolutions subites, de fausses unanimités. Jadis on plaignait les rois qui vivaient entourés de flatteurs, on disait (nous y avons pourvu) que la vérité ne parvenait pas jusqu'à eux ; maintenant je ne vois plus que les planteurs qu'on puisse assimiler à ces monarques de l'ancien régime : ni livres, ni journaux, ni prédications ne peuvent leur signaler leurs devoirs ou leurs intérêts en matière d'esclavage.

Aussi le moindre symptôme d'inertie ou de mollesse chez le gouvernement fédéral ferait-il courir aujourd'hui de grands périls aux États limitrophes et par là même à la Confédération tout entière. Autant il eût été aisé avec un peu d'énergie de prévenir le mal, de renfermer la scission dans ses limites naturelles et d'affaiblir les chances de guerre civile, autant il est devenu difficile à présent d'atteindre le même but. De douloureux devoirs seront peut-être imposés à M. Lincoln. J'admire, en vérité, les hommes politiques qui lui conseillent « une magistrale inaction, » c'est-à-dire qui le pressent de continuer M. Buchanan ! Sans doute il a raison de laisser aux insurgés tout l'odieux de l'offensive, mais sa modération ne doit rien ôter à sa fermeté, et il importe même que les moyens d'action qu'il va préparer manifestent si bien la supériorité écrasante du Nord, que la résistance du Sud en soit découragée.

Il ne manque pas d'adversaires de l'esclavage qui s'indignent presque des mesures adoptées par le nouveau président! S'étaient-ils donc figuré qu'on pouvait résoudre une question formidable sans courir risque de réprimer par la force les attentats de la force? Point d'enfantillage : en nommant M. Lincoln, on savait que les États à coton étaient prêts à protester les armes à la main; on n'a pas nommé M. Lincoln pour prendre les ordres des États à coton ou pour signer à première réquisition la dissolution des États-Unis. Qui veut la fin veut les moyens. Personne assurément ne désire plus que moi la répression pacifique de la révolte. Puisse le succès du blocus rendre l'emploi de l'armée inutile! Puisse l'attitude résolue de la Confédération arrêter la plupart des États intermédiaires sur la pente dangereuse où ils sont placés! Une fois, en effet, qu'ils auraient tous été entraînés dans le cercle d'influence de l'extrême Sud, il resterait peu de chances d'enfermer la guerre civile dans les limites d'où il importe tant qu'elle ne sorte pas.

C'est bien alors qu'apparaît l'*irrépressible conflit* de M. Seward ! Qu'on le veuille ou non, si les deux Confédérations sont placées face à face, l'une représentant tout l'esclavage, l'autre représentant toute la liberté, la lutte aura lieu. Elle aura lieu sur-le-champ peut-être, un peu plus tard peut-être ; quoi qu'il en soit, il ne sera donné à personne de l'empêcher. Supposons que le Sud ainsi complété renonce (rien n'est moins certain) à commencer lui-même cette guerre où il doit périr, et que ses grands plans d'attaque, ceux contre Washington par exemple, soient abandonnés ; supposons que les États-Unis, de leur côté, évitent une attaque directe qui pourrait donner le signal des insurrections; supposons qu'on se borne à la répression purement maritime de la révolte, qu'après avoir rayé les havres méridionaux de la liste des ports de mer et avoir déclaré que les droits de douane ne peuvent y être payés légalement, on soutienne par une croisière ce blocus auquel l'Europe devra applaudir, aura-t-on écarté toutes les chances de conflit? Hélas! non. Pour peu qu'une telle situation se prolongeât, on verrait se produire de partout les plaintes, les récriminations et bientôt les violentes représailles. Rivalités de principes, rivalités d'intérêts, souvenir amer des injures passées, autant d'écueils contre lesquels la politique pacifique risquerait sans cesse de faire naufrage.

Il ne faut pas nourrir d'illusions; les chances de la guerre civile ont été croissant depuis quelques semaines avec une effrayante rapidité. Si

M. Lincoln s'est scrupuleusement enfermé dans les mesures conservatoires et défensives, il y a eu, au contraire, dans les allures du Sud une précipitation violente qui a dépassé toute prévision. C'est la hâte des gens habiles qui essayent d'enlever au pas de course les avantages du fait accompli ; c'est en même temps et principalement peut-être la hâte des gens qui n'ont rien à perdre, les meneurs à l'heure qu'il est. A bout de ressources, le Sud insurgé a déjà augmenté démesurément les impôts, il a tué le crédit public et privé, il a créé un état révolutionnaire convulsif, intolérable à la longue, qui ne permet plus la délibération ni même la réflexion. Le Sud s'arrêtera-t-il en pareil chemin? Il est difficile de l'espérer. Quant au Nord, son programme est très-simple et sera maintenu : à supposer même qu'il renonçât par impossible à faire rentrer les révoltés dans le devoir, qui imaginera jamais qu'il se laisse enlever les bouches du Mississipi, ou qu'il abandonne à une confédération rivale la capitale même de l'Union, enclavée dans les États à esclaves? Voyons les choses comme elles sont; le maintien et le développement de l'esclavage dans le Sud rendront intolérables à ses yeux les procédés abolitionistes de son voisin : s'il n'a pu supporter une contradiction accompagnée d'infinis ménagements et tempérée par beaucoup de prudents désaveux, comment supportera-t-il ce supplice de tous les jours, un blâme unanime et fondé, une dénonciation perpétuelle des infamies qui accompagnent et constituent « l'institution patriarcale? » Le Nord, de son côté, ne pourra pas oublier que, par le fait du Sud, sans raison ni prétexte, la magnifique unité de la nation a été brisée, que la bannière aux étoiles a été déchirée en deux, que la prospérité commerciale de l'Amérique a été ébranlée en même temps que sa grandeur. Vienne donc un de ces incidents comme il en surgit toujours, un négrier méridional arrêté en pleine mer par le Nord, une négociation du Sud menaçant d'introduire l'Europe dans les affaires du nouveau monde, et aussitôt les hostilités éclateront.

Ce qu'elles deviendront à la longue, j'ose à peine y songer. Si aujourd'hui les planteurs sont forcés de monter la garde jour et nuit pour prévenir les mouvements insurrectionnels toujours prêts à éclater sur leurs domaines, si déjà plusieurs familles envoient dans des contrées plus sûres les femmes et les enfants, que sera-ce lorsque l'arrivée des milices du Nord annoncera aux esclaves que l'heure de la délivrance a sonné? On aura beau dire, leur arrivée signifiera toujours cela aux yeux du Sud. Il est des faits dont l'interprétation populaire finit nécessairement par être l'interprétation vraie. Je ne doute pas que les généraux des États-Unis, avant d'attaquer la Confédération méridionale, ne recommandent aux nègres de rester en paix, ne désavouent et ne condamnent les actes de violence; mais qu'est-ce qu'un manifeste contre la réalité des choses et la nécessité des situations? Il est un mot que je vois partout écrit en grosses lettres dans les projets du Sud; oui, le mot *catastrophe* s'y lit à chaque ligne. Les premiers succès du Sud sont une catastrophe, la grandeur du Sud serait une catastrophe, et, si jamais le Sud réalise en partie les espérances iniques vers lesquelles il s'est élancé, la catastrophe acquerra des proportions inouïes : ce sera un Saint-Domingue porté à la dixième puissance.

Ce n'est pas impunément qu'on livre carrière

à son imagination pervertie et qu'on se met à combiner, en l'an de grâce 1861, le plan d'une confédération destinée à protéger et à propager l'esclavage. Ces choses-là se payent tôt ou tard. Ah! si le Sud savait à quel point il lui importe de ne pas réussir; s'il comprenait que le Nord a été jusqu'ici sa grande, son unique garantie! Ceci est littéralement vrai : un pays à esclaves, aujourd'hui surtout, a besoin d'être adossé à un pays libre, pour faire subsister tant bien que mal une institution contre nature; autrement le premier accident, la première guerre, le livrent à des périls qui font frissonner. Grâce à leurs métropoles, nos colonies ont pu conserver d'abord et affranchir ensuite leurs esclaves, sans succomber à la tâche. Mais vienne la Confédération méridionale au sein de laquelle l'immigration des blancs sera nulle, tandis que l'accroissement des noirs sera poursuivi par toutes les voies, le moment arrivera bientôt, en cas de succès, où plusieurs États se verront placés, comme l'est déjà la Caroline du Sud, en présence d'un nombre d'esclaves qui dépassera celui des hommes libres. Or, une telle monstruosité sociale n'a jamais existé sous le soleil; même en Grèce, même à Rome, même chez les musulmans, le nombre total des hommes libres est demeuré supérieur; les colonies seules, par l'effet de la traite, ont présenté un phénomène inverse, et les colonies étaient soudées à leurs métropoles de la même façon que les Etats du Sud sont soudés aux États du Nord.

Là se trouvait, je le répète, une garantie très-considérable. Le Sud, qui la rejette et qui s'imagine pouvoir maintenir seul une situation qui ira s'aggravant de jour en jour, le Sud se fait la plus étrange des illusions. A l'heure du péril, quand l'insurrection servile ravagera peut-être son territoire, il s'étonnera de demeurer seul en présence de l'ennemi.

Et cet ennemi n'est pas de ceux qu'on parvient à dompter une fois pour toutes. Même après la victoire, même en temps de paix, la menace des insurrections serviles demeurera toujours suspendue sur la tête de la Confédération méridionale; il s'agira de veiller toujours, de se garder toujours, de réprimer toujours, et, à vrai dire, de trembler toujours. Les planteurs, qu'ils le sachent ou non, ne se préparent pas à dormir sur un lit de roses. Travailler à accomplir une œuvre mauvaise au milieu des malédictions de l'univers, accroître ses domaines et ses esclaves sous peine de mourir, et sentir instinctivement qu'on mourra pour les avoir accrus, trembler à cause de l'hostilité européenne, trembler à cause de l'hostilité américaine, trembler à cause de l'hostilité du dehors et de celle du dedans, quelle vie! Qu'on l'acceptât pour servir une noble cause, je le comprendrais; mais la cause du Sud! En vérité, il aura à prendre beaucoup de peine afin de gagner un mince salaire.

Il m'inspire une profonde compassion. Nous lui avons beaucoup trop dit que sa confédération était facile à fonder. A fonder, oui; à faire durer, non. Ici, ce n'est pas le premier pas qui coûte; c'est le second, c'est le troisième. La Confédération du Sud n'est pas viable. Je suppose que, pour son malheur, elle ait réussi dans tout ce qu'elle vient d'entreprendre. Le port de Charleston est libre, les États limitrophes sont entraînés, il y a un nouveau pacte fédéral et un nouveau président, les États du Nord ont renoncé à comprimer l'insurrection par la force, l'Europe a surmonté sa répugnance et admis les envoyés de la grande république à esclaves. Toutes les questions semblent résolues ; eh bien, non, on n'en a pas encore résolu une seule.

La politique du Sud doit commencer à s'appliquer. — Son premier article, qu'il le dise ou non, qu'il le sache ou non, exige des conquêtes : l'absorption du Mexique, par exemple. — Les flibustiers de Walker sont encore prêts à partir, et, passé le premier moment où il s'agit de se montrer sage, il n'est guère probable qu'on les gêne beaucoup, à présent que la prudence du Nord n'est plus là pour faire contre-poids aux passions de l'esclavage.

Admettons que cette entreprise n'amène pas de fâcheuses complications. A ces nouveaux territoires il s'agira de procurer des nègres. Le second article de la politique du Sud trouvera donc plus tard, bon gré mal gré, son application inévitable : la traite africaine sera rétablie. Le plus riche planteur de la Géorgie, M. Gaulden, a pris soin d'en constater la nécessité ; voici le langage qu'il tenait naguère: « Vous avez à peine assez de nègres pour les États actuels... obtenez la réouverture de la traite... alors vous pourrez entreprendre d'accroître le nombre des États à esclaves. »

Le rétablissement officiel de la traite africaine s'opèrera-t-il quelque jour sans amener l'orage sous lequel périra la confédération nouvelle? Je l'ignore. En tous cas, je sais une chose : c'est que la valeur des esclaves, et, par conséquent, celle des propriétés du Sud, subiront une baisse dépassant de beaucoup celle dont le menaçaient, disait-il, les tendances abolitionistes du Nord.

Déjà, par le seul fait de la scission, le prix des noirs a diminué de moitié, et plus d'un planteur intelligent entrevoit l'heure où ce prix aura diminué des trois quarts, peut-être des neuf dixièmes. Les fortunes méridionales s'en vont donc avec une extrême rapidité, et cela tient non-seulement à la prévision des effets futurs de la traite, cela tient à la certitude de ne pouvoir plus s'opposer désormais aux évasions d'esclaves. Ces évasions, à tout prendre, demeuraient insignifiantes, tant que l'Union était maintenue; il n'y a pas plus de cinquante mille nègres libres au Canada. Mais désormais la Confédération du Sud aura partout un Canada sur ses frontières. Comment retenir cet esclavage qui s'échappera en même temps par le Nord et par le Sud? La république méridionale, ce sera, on peut le dire, l'ennemi commun, et personne, assurément, ne l'aidera à garder ses esclaves.

CONSÉQUENCES PROBABLES. 239

Il ne faut pas croire d'ailleurs qu'elle parvienne à se préserver longtemps des divisions intestines, des divisions entre blancs. Au premier moment, où tout est facile, l'unanimité est loin de se montrer aussi complète qu'on l'avait annoncé. Plus tard, ce sera bien pis. On reconnaîtra alors ce qu'il y avait de prophétique, si j'ose ainsi parler, dans ces paroles souvent citées du discours d'adieu de Washington : « Il faut que vous vous accoutumiez à considérer l'Union comme le palladium de votre bonheur et de votre sûreté, que vous veilliez sur elle d'un œil jaloux, que vous imposiez silence à quiconque oserait jamais vous conseiller d'y renoncer, que vous fassiez éclater toute votre indignation au premier effort qu'on tenterait pour détacher de l'ensemble quelque partie de la Confédération. »

Une voix bien différente, celle de Jefferson,

fait entendre le même langage. Homme du Sud et s'adressant au Sud, qui parlait déjà de se séparer, il décrivait en traits saisissants les conséquences inévitables d'un pareil acte : « Si, pour nous débarrasser de la suprématie actuelle du Massachusets et du Connecticut, nous allions rompre l'Union, le mal s'arrêterait-il là ? ..... Nous verrions un parti pensylvanien et un parti virginien se former dans ce qui resterait de la Confédération, et le même esprit de parti agiterait l'opinion publique. De quelle arme nouvelle ces partis ne seraient-ils pas munis, s'ils pouvaient se menacer continuellement les uns les autres de se joindre à leurs voisins du Nord, dans le cas où les choses n'iraient pas de telle ou telle façon ? Si nous réduisions notre Union à la Caroline du Nord et à la Virginie, le conflit s'établirait sur-le-champ entre les représentants de ces deux États, et nous finirions par nous réduire à de simples unités. »

N'est-ce pas là l'histoire anticipée de ce qui va se passer au sein de la Confédération méridionale, à supposer qu'elle réussisse à englober une partie des États limitrophes? Les programmes du début dureront ce que durent les programmes. Quand le véritable plan du Sud, un moment voilé, reparaîtra (et il faudra bien qu'il reparaisse, à moins qu'on ne périsse avant d'avoir commencé à vivre), quand il s'agira de s'agrandir et de se peupler, de faire des conquêtes et de rétablir la traite africaine, quand le projet sérieux, en un mot, aura remplacé le projet de circonstance, que se passera-t-il entre les États limitrophes et les États à coton? La distinction profonde qui les sépare se manifestera alors, si même elle attend jusque-là pour éclater.

14

Il se formera un nouveau Sud et un nouveau Nord, aussi hostiles peut-être que les anciens et qui se pardonneront d'autant moins leurs torts réciproques qu'ils seront aigris par l'infortune. Rien ne divise comme une mauvaise cause qui tourne mal. On se croit unis, on se dit unis, jusqu'au moment où l'on découvre que l'on n'a ni le même but, ni le même esprit. Je ne vois pas pourquoi la victoire de M. Lincoln aurait transformé le Sud et supprimé les divergences profondes qui le séparaient en deux groupes, le groupe des États du golfe votant pour M. Breckinridge, le groupe des États limitrophes votant pour M. Douglas ou pour M. Bell et donnant même des voix à M. Lincoln.

Non-seulement les États du golfe, seuls vrais séparatistes, ne s'entendront jamais avec la région tempérée, mais ils ne tarderont pas à voir se former dans leur propre sein des partis fort peu disposés à transiger. Une sorte de question féodale, on le sait, est près de se poser dans le Sud; les *petits habitants* y sont deux ou trois fois plus nombreux que les planteurs. La lutte des classes peut donc éclater, dès que la scission opérée aura relégué au second rang la lutte contre les adversaires de l'esclavage.

L'appauvrissement du Sud n'aidera pas à calmer ses querelles intestines. L'immigration européenne, déjà si faible aujourd'hui dans les États à esclaves (Charleston est la seule grande ville américaine dont la population ait diminué, d'après le dernier recensement), l'immigration européenne, dis-je, diminuera évidemment encore lorsque le Sud aura pris une position indépendante et hostile vis-à-vis des États du Nord. Qui donc irait s'exposer de gaieté de cœur aux chances effroyables que peut amener à sa suite la première guerre avec un pays quelconque, américain ou européen? Et le crédit suivra le même chemin que l'immigration : prêter son argent à des planteurs dont la propriété entière est sans cesse menacée de périr, c'est une de ces opérations hasardeuses devant lesquelles le commerce a coutume de reculer. Privé des fonds que lui fournissait New-York, n'obtenant qu'à grande peine en Europe quelques avances onéreuses et précaires, le Sud se verra frappé à la fois dans tous ses moyens de production, et, après la récolte de 1860 qui a assuré nos approvisionnements pour une année, après celle de 1861 qu'on parviendra probablement à faire, mais qu'il sera plus difficile de vendre, on ne devine pas trop comment on s'y prendra pour continuer les cultures. En même temps que le Sud fera moins de coton et qu'on perdra l'habitude de lui en acheter, la culture du coton s'acclimatera ailleurs ; ainsi l'avenir sera perdu comme le présent, la ruine définitive arrivera à pas pressés.

On nous parle d'un emprunt que la confédération nouvelle a le projet de contracter ! A moins qu'il ne se transforme en emprunt forcé, je lui crois peu de chance. On ajoute qu'il suffira d'établir sur le coton exporté un droit de quelques centimes par livre, et que les caisses du Sud se rempliront ! Mais d'abord, pour exporter du coton, il faut en produire, et, pour en produire, il faut de l'argent ; il est difficile que l'État soit riche quand tous les citoyens seront dans la détresse ; ensuite l'exportation elle-même se fera malaisément, si les États-Unis organisent un blocus. Et je ne parle pas du mauvais effet que fera cette taxe à la turque, cette taxe sur l'exportation, au beau milieu des plans de liberté commerciale Je ne parle pas non plus de l'effet qu'aura, pour le coton américain déjà si malade, cette surcharge qu'on dit minime et qui par le fait est considérable, eu égard au prix moyen des cotons.

Pauvre pays, qu'une passion aveugle, et par-dessus tout peut-être un indomptable orgueil, précipitent dans la voie du crime et de la misère! Pauvre nation excommuniée, dont le contact sera redouté, dont les principes seront maudits, dont le pavillon sera suspect, dont les humiliations sans cesse renaissantes ne seront pas même compensées par quelques maigres profits! Le cœur se serre à la pensée de l'avenir clair, certain, inévitable, qui attend un si grand nombre d'hommes moins coupables qu'égarés. Entre eux et le reste du monde il n'y aura plus rien de commun : ils feront à leur frontière la police des livres et des journaux, essayant d'empêcher l'introduction fatale d'une idée de liberté : le reste du monde n'aura pour eux ni sympathies politiques, ni sympathies morales, ni sympathies religieuses.

Auront-ils du moins la consolation d'avoir tué les États-Unis? Une confédération glorieuse aura-t-elle péri par leur retraite? Non, mille fois non. Quand bien même on réussirait à entraîner les États limitrophes dans la Confédération méridionale, les États-Unis, grâce à Dieu, garderaient leur rang parmi les nations. Où seront les États-Unis après la scission? Où ils étaient avant; il y a longtemps que la gravitation de leur puissance s'opère vers le nord-ouest. La vraie Amérique est là, celle des traditions anciennes et celle de la réalité actuelle. Si l'on a pu concevoir sur sa durée des craintes sérieuses, elles ont disparu le jour de l'élection de M. Lincoln. Ce jour-là, nous avons tous appris que les États-Unis devaient subsister et que leur maladie n'était pas mortelle.

Grande nouvelle que celle-là ! Vous êtes-vous demandé quelquefois ce qui manquerait ici-bas lorsqu'un tel peuple aurait disparu ? Il vit et il vivra. Voyez l'attitude froide et confiante du Nord et comparez-la aux bruyantes violences du Sud. Le Nord est si sûr de lui, qu'il ne daigne ni s'irriter ni se hâter ; il se hâte même trop peu. Il a l'air de savoir qu'en dépit des succès apparents qui peuvent marquer les débuts du Sud, le succès définitif sera ailleurs. Que le Sud y prenne garde : avoir contre soi la raison et la force, c'est deux fois plus qu'il n'en faut pour être battu. Le Nord a supporté M. Buchanan parce qu'il attendait M. Lincoln. M. Lincoln venu, le Nord patiente encore, mais finira par entrer en ligne, et la lutte sérieuse s'engagera, s'il le faut.

L'issue définitive de cette lutte ne saurait guère être mise en doute. D'un côté, je vois une confédération divisée, appauvrie, pliant sous le faix d'un problème écrasant, apercevant toujours à son horizon la menace des insurrections et des massacres, ne pouvant ni négocier, ni tirer l'épée, ni résoudre aucune des difficultés du dehors sans penser aux difficultés bien plus redoutables du dedans; de l'autre côté, je vois les États-Unis, maîtres d'eux-mêmes, unanimes, sachant ce qu'ils veulent et mettant au service d'une noble cause une puissance incessamment accrue.

La partie ne sera pas égale, quel que soit le résultat des premières rencontres. Aussi, ne puis-je m'empêcher de croire que le triomphe du Nord sera bien plus complet encore que nous ne l'imaginons aujourd'hui. Je ne sais pas ce qui doit se passer, mais je sais une chose : le Nord est plus peuplé, plus riche, plus uni; l'immigration européenne ne va qu'au Nord, les capitaux européens ne vont qu'au Nord. De quels éléments se compose la population du Sud? Les six premiers États qui ont proclamé leur séparation comptent tout juste autant d'esclaves que de libres. Quelle situation! Est-il bien probable que cette confédération contre nature, où chaque blanc sera chargé de garder un noir, puisse fournir une longue carrière? Le Midi, divisé, affaibli, portant au flanc la blessure toujours saignante de l'esclavage, réduit à opter en fin de compte entre les plans effroyables qui doivent le perdre après l'avoir déshonoré et l'union qui rassure ses intérêts tout en contrariant ses passions, est-il possible que le Midi n'en revienne pas à la confédération générale?

Quelque chose me dit que, si l'Union se défait, elle se refera. Une séparation durable est plus difficile qu'on ne l'imagine. Vis-à-vis de l'Europe, vis-à-vis des États-Unis, la grande république du Sud aurait trop de peine à vivre. Vivre en paix, cela ne saurait être; vivre sans la paix, on sait ce qu'il en faut penser. La grande république du Sud doit périr sûrement par ses échecs, et plus sûrement encore par ses succès, car ses succès monstrueux attireront la foudre. Il y a en Amérique comme une nécessité d'union; l'unité y est au fond, les diversités n'y sont qu'à la surface; l'unité y tient à la vie nationale elle-même, à la race, aux origines, aux croyances, aux destinées communes, au degré pareil de civilisation, en un mot, aux causes profondes et permanentes; la diversité y tient aux accidents des institutions.

A ne considérer que le domaine des intérêts, est-il facile de s'imaginer une rupture sans remède entre New-York et Charleston, entre le bassin du Mississipi et la Nouvelle-Orléans? Que deviennent et le bassin du Mississipi sans la Nouvelle-Orléans, et la Nouvelle-Orléans isolée du vaste pays dont elle est le débouché naturel? Vous représentez-vous New-York renonçant à la moitié de son commerce, cessant d'être l'entrepositaire du coton, l'intermédiaire obligé entre le Sud et l'Europe? Vous représentez-vous le Sud privé de l'intervention et des crédits que lui assure New-York? La dépendance est réciproque entre le Nord et le Sud; si le Sud produit le coton, c'est le Nord qui fournit les avances, qui achète ensuite pour son propre compte ou par commission et qui expédie la marchandise en Europe. Aux États-Unis, chaque partie a besoin du tout : États agricoles, États indusdriels, États commerçants, ils forment ensemble un des pays les plus homogènes que je connaisse. Je serais surpris qu'un tel pays fût destiné à se fractionner pour toujours, et cela dans un temps qui pousse moins au fractionnement des grandes nations qu'à l'absorption des petites.

Exprimerai-je toute ma pensée? Lorsqu'il s'agit des Anglo-Saxons, nous sommes sujets, nous Latins, à nous tromper rudement; on ne risque pas grand'chose peut-être à supposer que les événements prendront précisément le contre-pied de nos hypothèses. Nous avons beaucoup prédit en Europe la fin des États-Unis, la naissance et les progrès d'une confédération rivale, une séparation sans chances de retour : ne serait-ce pas une raison pour supposer qu'il n'y aura en définitive ni séparation prolongée ni confédération rivale qu'on doive prendre longtemps au sérieux? Les pays libres et surtout ceux de race anglaise, ont une habitude que nous comprenons peu : leurs paroles sont violentes et leurs actes sont circonspects. Chez eux, il se fait énormément de bruit, on dirait que tout va périr; mais il est prudent d'y regarder de plus près, car ces pays de discussion sont aussi des pays de transaction; les vainqueurs y sont habitués à terminer les crises politiques en cédant quelque chose de leur victoire, les apparences, il est vrai, plutôt que la réalité. Très-décidés au fond, ils consentent volontiers à paraître peu absolus dans la forme.

Ici, je le sais, la passion extrême du Sud rend bien difficile une transaction, au moins une transaction actuelle. Comme il est habitué à l'empire et ne veut pas se contenter à moins, comme il sait que le Nord, décidément émancipé, ne replacera pas sa tête sous le joug, il semble résolu à courir toutes les chances plutôt que de renoncer à son idée fixe, l'extension de l'esclavage. Depuis deux mois, les probabilités de transaction ont été s'affaiblissant de plus en plus. Mais, s'il est à peine permis de les regarder comme subsistant encore en ce qui concerne les États du golfe, on doit se rappeler que les États intermédiaires sont là, qu'ils hésitent entre le Nord et le Sud, et que certaines concessions peuvent leur être faites pour empêcher leur séparation.

Tel est le caractère vrai des discussions relatives au compromis. Renfermées dans ces limites, elles n'en conservent pas moins un intérêt réel, car le parti que vont adopter demain les États intermédiaires, et celui auquel ils se rattacheront peut-être plus tard, exerceront une grande influence sur la marche générale de la crise. Il s'agit, non plus sans doute de retenir la Virginie, que ses passions bien connues poussent du côté de Charleston, mais de déterminer d'autres États frontières à prendre une attitude conforme à leurs intérêts et à leurs devoirs. Il ne sera donc pas inutile que nous nous rendions compte des dispositions qui règnent chez les Américains, en ce qui concerne le compromis.

Qu'a produit cette conférence de la paix convoquée avec tant de fracas par la Virginie, l'ancien État politique, la patrie de Washington, de Jefferson, de Maddison et de Monroë? Rien qui vaille la peine d'être mentionné. Bon nombre d'États ont refusé d'assister à cette conférence, qui, si elle avait été générale, se serait transformée en convention et aurait annulé de fait le

Congrès siégeant à côté d'elle dans la même ville. Son projet, admis à grand'peine par une majorité factice, n'a jamais paru avoir de grandes chances d'adoption. Il s'agissait surtout de décider qu'au-dessous d'une latitude déterminée, la majorité des habitants d'un territoire ne pourrait pas prohiber l'introduction de l'esclavage (déguisé, il est vrai, sous cette expression euphémique : « le service involontaire ») ; cette mesure devait être déclarée irrévocable, à moins du consentement unanime des États. Malgré l'appui du président Buchanan et celui du haut commerce de New-York, que secondaient, selon l'usage, quelques salons de Boston, l'opinion à peu près unanime du Nord ne permettait pas de croire au succès d'un tel amendement à la Constitution, qui, d'ailleurs, d'après la Constitution elle-même, ne pouvait être adopté qu'à la condition de réunir les deux tiers des voix du Congrès et le vote favorable des trois quarts des États composant la Confédération.

Un autre projet avait été mis en avant : tous les membres du Congrès auraient donné leur démission, et des élections nouvelles auraient manifesté la volonté définitive du pays sur la question de l'esclavage. C'est-à-dire qu'on serait allé demander à l'émotion profonde du pays quelques derniers éléments de réaction, quelques moyens de désavouer la nomination de M. Lincoln. En tout cas, on aurait prouvé ainsi, par un acte exceptionnel, qu'une nomination qui n'est pas ratifiée par le Sud réclame de plein droit des mesures extraordinaires. Or, il n'y a rien eu que d'ordinaire, de simple et de régulier dans la conduite du Nord; il le sait et ne souffrira pas, je pense, qu'on lui enlève un tel avantage. Laisser dire, laisser proposer, et aller droit son chemin, voilà le programme auquel il est tenu de rester fidèle. Ce qui fait son honneur fait aussi sa force; c'est le privilége des bonnes causes.

Le Nord n'a pas à chercher les bases d'un compromis. Elles sont toutes posées, et j'ose affirmer que, quoi qu'il arrive, c'est à ces bases, toujours les mêmes, qu'il ne manquera pas de revenir, en tant du moins que l'ère des compromis ne sera pas fermée et que le Sud n'aura pas réussi à imposer au Nord une politique décidément abolitioniste. A vrai dire, celui-ci n'a qu'une concession à faire : proclamer de nouveau la règle constitutionnelle en vertu de laquelle chaque État décide souverainement ses propres affaires, et exclut, par conséquent, toute intervention du Congrès en matière d'esclavage. Peut-être, hélas! joindra-t-il, au besoin, à cette déclaration qu'il n'a jamais refusée la promesse de respecter le mieux possible le principe de la restitution des esclaves fugitifs, qui a malheureusement aussi sa base dans la Constitution. Mais, sur ce point, les promesses vaudraient ce qu'elles pourraient valoir, car personne n'imaginera sans doute qu'il soit plus facile de contraindre les États libres à accomplir un acte odieux et qui révolte leur conscience, depuis qu'ils ont constaté leurs forces en élisant M. Lincoln. Enfin, sur la question capitale, celle des territoires, la thèse du Nord est évidente de justice et de clarté ; entre les abolitionistes extrêmes, qui veulent que le Congrès intervienne pour fermer de force tous les territoires à l'esclavage, et le Sud, qui veut que le Congrès intervienne pour ouvrir de force certains territoires à l'esclavage, le Nord adopte cette position moyenne : les habitants des territoires les fermeront ou les ouvriront à l'esclavage, selon leur volonté. C'est le droit des majorités, reconnu là comme ailleurs.

M. Seward, je ne l'ignore pas, est allé beau-

coup plus loin dans la voie des concessions ;
et il n'est pas absolument impossible que ces conseils de faiblesse finissent par prévaloir. Il faut
toujours s'attendre à tout, sous ce rapport. Néanmoins le président n'a nullement confirmé les paroles imprudentes de son futur premier ministre.
Le langage de M. Lincoln a été d'une netteté remarquable dans son discours d'inauguration,
pour ne pas remonter plus haut, il indique sur-
le-champ la vraie, la grande concession qui, jusqu'à nouvel ordre, peut être faite au Sud : « Ceux
qui m'ont nommé ont placé dans le programme
présenté à mon acceptation, comme une loi pour
eux et pour moi, la résolution claire et formelle
que je vais vous lire : « Le maintien intact du
» droit des États, et spécialement du droit qu'a
» chaque État de régler et contrôler exclusivement
» ses institutions suivant sa manière de voir, est
» essentiel à cet équilibre des pouvoirs, d'où dé-

» pend la perfection et la durée de notre édifice
» politique; et nous dénonçons l'invasion au mé-
» pris des lois par une force armée du sol de tout
» État ou territoire, sous quelque prétexte que
» ce puisse être, comme le plus grand des cri-
» mes. » — M. Lincoln ajoute encore ceci : « Le Congrès a voté un amendement à la Constitution, amendement que je n'ai pas vu toutefois, et dont l'effet est d'établir que le gouvernement fédéral n'interviendra jamais dans les institutions domestiques des États, y compris celles qui ont trait aux personnes tenues en service. Afin d'éviter tout malentendu sur ce que j'ai dit, je me désiste de mon dessein de ne parler d'aucun amendement particulier, pour dire que, considérant désormais cette clause comme une loi constitutionnelle, je n'ai aucune objection à ce qu'elle soit rendue explicite et irrévocable. »

En ce qui concerne les esclaves fugitifs, le discours d'inauguration rappelle le texte de la Constitution fédérale, qui tranche la question, quant à présent; mais il ne laisse pas ignorer que cette décision constitutionnelle est aussi bien exécutée qu'elle peut l'être, « le sens moral du peuple ne prêtant qu'un appui imparfait à la loi. »

Quant aux territoires, M. Lincoln déclare nettement que la minorité doit se soumettre à la majorité, sous peine de tomber en pleine anarchie. — Il n'hésite pas davantage au sujet des arrêts de la Cour suprême : ces arrêts à ses yeux ne sont que des décisions spéciales rendues dans des cas particuliers et n'enlevant rien au droit qu'a la Confédération de régler ses institutions et sa politique.

Tout cela est très-ferme sans être provoquant. La limite des concessions est marquée, et l'esprit de conciliation est maintenu. — C'est surtout lorsqu'il expose ses plans de conduite vis-à-vis des États révoltés que M. Lincoln résout avec bonheur le problème de n'abandonner aucun des droits de la Confédération, tout en manifestant les dispositions les plus pacifiques et laissant à d'autres l'odieux de l'agression. Sa doctrine, sur ce point, peut se résumer ainsi : en premier lieu, la séparation est inconstitutionnelle, elle doit être, elle sera combattue, rien au monde ne pourra amener le président à admettre la destruction de l'Union ; en second lieu, il n'attaquera pas, il s'efforcera d'éviter une guerre qui expose le Sud à d'affreux périls ; en troisième lieu, il remplira le devoir de conserver les propriétés fédérales et de percevoir les taxes fédérales dans le Sud. En d'autres termes, il emploiera le moyen qu'on aurait dû employer dès le premier jour, et qui, alors, aurait été plus efficace. Il tentera l'établissement d'un blocus maritime, afin de réduire la révolte des blancs sans provoquer l'insurrection des noirs. Déjà les vaisseaux de guerre sont rappelés des stations lointaines. Hélas! j'espère peu que les précautions dictées à M. Lincoln par la prudence et par l'humanité portent leurs fruits. Le Sud lève une armée et va attaquer le fort Sumter, sans se dissimuler qu'il sera ensuite exposé lui-même à une attaque formidable. M. Lincoln, en effet, ne le lui a pas laissé ignorer : « C'est dans vos mains, à vous, mes concitoyens mécontents, et non dans les miennes, que se trouve la terrible question de la guerre civile. Le gouvernement ne vous attaquera pas; vous n'aurez pas de conflit, si vous n'êtes pas les agresseurs. Vous n'avez pas, vous, de serment enregistré au ciel de détruire le gouvernement, tandis que, moi, je vais avoir le serment le plus solennel de le maintenir, le protéger et le défendre. »

Telle est la situation respective. On s'agitera, on s'agite déjà autour du nouveau président, pour ôter à sa pensée et à ses desseins ce caractère résolu qui en fait la force. On s'efforce de lui démontrer, non-seulement que le fort Sumter, si facile à ravitailler sous M. Buchanan, est devenu impossible à secourir aujourd'hui et qu'il ne reste plus qu'à en autoriser la reddition, mais que le fort Pickens lui-même doit être livré au Sud, afin de réserver toutes les chances de raccommodement et de n'assumer à aucun degré la responsabilité de la guerre civile ! J'espère que M. Lincoln saura résister à ces influences débilitantes. Après lui avoir démontré qu'il faut livrer les forts, on lui démontrerait qu'il faut renoncer au blocus, qui n'est pas tenable sans les forts; puis, qui sait? on lui démontrerait enfin qu'il faut signer quelque compromis honteux et subir presque la loi des révoltés

Encore un coup, il est sage de tout prévoir et c'est pour cela que je mentionne de telles choses. Je compte bien d'ailleurs qu'elles ne se réaliseront pas. En élisant M. Lincoln, les États-Unis ont décidé ceci : l'esclavage ne fera plus de conquêtes. Ce qu'ils ont décidé, ils le maintiendront, en définitive, eussent-ils même l'air de l'abandonner. Ils ont respecté et ils respecteront la souveraineté des États, ils donneront sur ce point toutes les garanties qu'on pourra désirer, et le Congrès, on l'a vu, a déjà voté un amendement à la Constitution, destiné à offrir cette base de compromis. Mais on n'ira pas plus loin que cela : le Nord doit sentir que, de toutes les façons de terminer la crise actuelle, la plus funeste, ce serait le désaveu des principes et la désertion du drapeau.

Les transactions qui promettraient autre chose que le respect de la souveraineté des États en matière d'esclavage, promettraient plus qu'elles ne pourraient tenir; chacun le sent, au Sud comme au Nord. La politique du Sud forme un ensemble dont il ne subsiste rien si l'on en retranche quelque chose, et surtout si la complicité du gouvernement cesse de lui être assurée. Le jour où le Sud acceptera une transaction quelconque, il aura renoncé, non à maintenir sans doute, mais à propager l'esclavage; il aura renoncé à l'empire. Les compromis (il y en aura peut-être, ne jurons de rien, avant ou après la guerre, avec le Sud entier ou avec une partie du Sud), les compromis se signeront dorénavant sans illusion aucune. Le Sud sait à merveille que ces compromis ne ressembleront guère à ceux qu'il dictait autrefois. Ceux-là marquaient, par leurs prétentions toujours accrues, la marche ascendante du Sud ; ceux-ci marqueront les phases de son déclin. Que de changements sur lesquels il n'y a pas à revenir ! Plus de conquêtes à opérer pour l'esclavage, plus de rétablissement de la traite africaine, plus d'impunité assurée à ces nombreux négriers qui, chaque jour, au su et au vu de tout le monde, ont quitté depuis quelques années les ports de la Confédération ; plus de chance d'égaler, par la création et le peuplement de nouveaux États, le développement rapide du Nord ; désormais la question est vidée, il faut en prendre son parti : la majorité des États libres deviendra telle, qu'elle ne pourra être contestée ni à la Chambre des représentants, ni au Sénat, ni dans l'élection présidentielle ; la suprématie réside au Nord, le programme du Sud est déchiré en mille morceaux.

A cela tous les compromis du monde ne peuvent rien. Si M. Lincoln est le premier président contraire à l'esclavage, M. Buchanan est le dernier président favorable à l'esclavage; la politique américaine est dorénavant fixée. Songez, en effet, à ce que vont produire ces quatre années de gouvernement ! C'est tellement énorme, qu'on pourrait être malheureusement tenté de se dire, à Washington : « Nous accorderons tout ce qu'on voudra, pourvu que nous conservions le maniement des affaires. »

Le pouvoir d'un président n'est pas considérable sans doute, mais son avénement est celui d'un parti. Ce parti va renouveler toutes les administrations, grandes et petites; la même majorité qui l'a nommé modifiera avant peu les tendances des tribunaux; enfin, les affaires générales de l'Union seront gérées dans un nouvel esprit. On allait dans un sens, on va marcher en sens inverse. Ce n'est pas M. Lincoln qui fermera les yeux sur les tentatives des flibustiers, qui travaillera à prendre Cuba pour le parti de l'esclavage, qui lui permettra de se découper des États dans le Mexique ou d'en préparer d'autres en subdivisant le Texas. L'opération qui va s'accomplir me rappelle les premières mesures qu'on adopte pour combattre un vaste incendie; on s'occupe d'abord d'en circonscrire le foyer.

Au terme des quatre années de M. Lincoln, les flammes qui menaçaient de dévorer l'Union se trouveront complétement cernées. A considérer les États-Unis dans leur ensemble et indépendamment des incidents de séparation, il est permis de croire que le nombre respectif des États libres et des États à esclaves ne laissera plus aucune chance à l'extension ultérieure d'un grand fléau. Nous ferions-nous illusion en pensant que les progrès déjà commencés dans les États limitrophes auront pris une marche accélérée et que plusieurs d'entre eux auront passé franchement du côté de la liberté? N'est-il pas certain, en outre, que les hésitations de quelques Églises auront cessé et que l'influence de l'Évangile, si décisive en Amérique, aura achevé de se mettre tout entière au service de la bonne cause?

Qu'il y ait ou non un compromis, que la grande scission du Sud soit ou non prévenue, que la guerre civile éclate ou n'éclate pas, qu'elle donne ou ne donne pas au Sud l'éclat passager des premiers succès, un fait demeure acquis dès à présent : les États-Unis chancelaient sur leur base, ils ont retrouvé leur équilibre; les périls mortels que leur faisaient courir naguère encore les plans de conquête du Sud et l'extension indéfinie de l'esclavage se trouvent enfin conjurés; ils n'ont plus à se demander si quelque jour, le Sud s'étant accru outre mesure, la scission ne devra pas se faire par le Nord, en laissant aux mains des propriétaires d'esclaves le nom glorieux et la bannière constellée de l'Union.

Je crois avoir parcouru la série entière des hypothèses qui présentent quelque probabilité. Je n'ai eu garde d'en adopter aucune, car je n'ai pas, Dieu merci, la prétention de lire dans l'avenir. Il serait puéril de pronostiquer ce qui arrivera, et non moins puéril peut-être de décrire par le menu ce qui est arrivé. En face des accidents en sens divers qui attirent l'attention publique et remplissent les colonnes des journaux, j'ai essayé de faire la distinction entre ce qui doit passer et ce qui doit durer. Les conséquences durables de la crise actuelle, voilà ce que je me suis proposé de rechercher loyalement. Le lecteur sait quelles sont mes conclusions. Il se peut qu'on finisse par adopter quelque compromis blâmable; mais, quoi qu'on y écrive, l'élection de M. Lincoln vient d'écrire aussi quelque chose en marge, une note qui annulera le texte Le temps de certaines concessions est passé, et le Sud n'en doute pas plus que le Nord. Il se peut que les États à esclaves réussissent à fonder leur triste Confédération, mais il ne se peut pas qu'ils réussissent à la faire vivre; ils s'apercevront qu'il est plus aisé de voter un pacte ou de nommer un président que de créer réellement, en plein XIXe siècle, la nationalité de l'esclavage.

J'ai donc le droit d'affirmer que, quels que soient les apparences et les incidents momentanés, un changement immense vient de s'accomplir et subsistera : les États-Unis périssaient et ils sont sauvés. Oui, quelle que soit l'hypothèse à laquelle on s'arrête, trois faits nouveaux et décisifs se montrent à nos regards : on sait désormais que le Nord l'emporte; on sait que les périls qui menacent l'Union viennent du Sud et non du Nord; on sait que les jours de « l'institution patriarcale » sont comptés. Sous ces trois faits, il n'est pas difficile d'apercevoir le relèvement d'un grand peuple.

La victoire du Nord, la conscience qu'il a de sa force et sa résolution arrêtée, quelles que puissent être les apparences contraires, de circonscrire un mal qui était prêt à déborder de toutes parts, tel est le premier fait; il n'y a plus à y revenir.

Quant au second, la Caroline et la Géorgie se

sont chargées de le mettre en lumière. Elles ont prouvé par leurs actes qu'on avait calomnié l'abolitionisme en l'accusant de menacer l'unité des États-Unis. Les passions séparatistes se sont montrées dans l'autre camp; là, sur la seule nouvelle d'une élection régulière, on a sacrifié sans hésitation la grandeur et, semblait-il, l'existence même de la patrie. Les proclamations de Charleston et les coups de canon tirés sur le pavillon fédéral nous ont appris ce dont les observateurs intelligents se doutaient déjà, que les États pour qui l'esclavage devenait une passion et presque une mission ne pouvaient pas ne pas éprouver quelque jour le besoin de procurer à une cause pareille la sécurité de l'isolement.

Et, en agissant de la sorte, ces États ont posé eux-mêmes, chose étrange, le problème de l'abolition. Personne, pour ainsi dire, n'y pensait, chacun respectait les limites constitutionnelles de leur souveraineté. Eh bien, ils n'ont pas voulu qu'il en fût ainsi; ils ont porté la question sur le terrain du droit fédéral et des relations fédérales; ils se sont écriés : « Assurons l'extension de l'esclavage et périssent les États-Unis! » Si les États-Unis avaient péri, il n'y aurait pas eu de malédiction assez forte pour ceux qui auraient commis un tel crime. Les États-Unis ne périront pas; mais ils se souviendront longtemps de la reconnaissance qu'ils doivent aux séparatistes de 1860. Quand l'heure de l'émancipation aura sonné, et elle sonnera quelque jour, les séparatistes de 1860 ne parleront pas sans doute de leurs droits à une indemnité; ils viennent d'en donner quittance à coups de canon.

Reste le troisième fait : Est-il vrai que, dans toutes les hypothèses, la cause de l'émancipation des nègres vienne de réaliser un progrès tel, que l'issue définitive du débat ne soit plus douteuse? Ceci est l'évidence même. Qu'il y ait ou non séparation, l'esclavage est entré désormais dans la voie qui mène à l'abolition, plus ou moins rapide, mais infaillible. S'il n'y a pas séparation, ce progrès immense s'opèrera avec plus de sagesse et de lenteur, les moyens violents seront écartés, l'influence bienfaisante de l'Évangile préparera une transformation progressive et pacifique, en parlant beaucoup plus aux esclaves comme aux maîtres de leurs devoirs que de leurs droits. S'il y a séparation, l'affranchissement s'accomplira beaucoup plus vite et beaucoup plus mal; la guerre servile éclatera; l'abolitionisme à outrance, auquel jusqu'ici la prudence du Nord a refusé tout crédit réel, ne sera plus retenu par les scrupules d'un peuple désireux d'éviter de sanglantes catastrophes; soutenu par l'animosité croissante qui mettra aux prises les deux Confédérations, il trouvera moyen de faire pénétrer dans le Sud des appels à la révolte et multipliera des expéditions plus redoutables que celle de George Brown.

Mais laissons ces généralités et étudions de plus près, au point de vue de l'émancipation, les quatre ou cinq hypothèses que nous avons signalées plus haut et entre lesquelles semblent se renfermer les chances de l'avenir.

J'examine avant tout celle dont les gens habiles de l'extrême Sud poursuivent évidemment la réalisation. Il s'agit, après avoir gagné le Nord de vitesse grâce à M. Buchanan, d'arriver le plus tôt possible à quelque chose qui ait l'apparence et l'autorité d'un fait accompli. De l'audace et encore de l'audace; sur ce point les habiles et les violents se rencontrent aujourd'hui. On s'est séparé, on a envahi les propriétés fédérales, on a bâclé un gouvernement, on s'est donné un président, on va avoir une armée, on essaye déjà de se faire représenter officiellement auprès des grandes puissances.

Auprès de l'audace, la prudence a rempli son rôle. On s'est bien gardé de déployer son drapeau; on s'est fait petit, modeste, modéré, autant du moins que les passions de la rue le permettaient; on ne demandait, en vérité, qu'à vivre honnêtement dans un coin du monde. Qui donc parle de conquêtes? Qui voudrait rétablir en grand la traite africaine? Loin d'être des rétrogrades, les hommes du Sud sont les champions du progrès, témoin leur programme de liberté commerciale. Ne se trouvera-t-il donc pas d'honnêtes gens dans le Nord pour retenir M. Lincoln et pour empêcher qu'on ne les opprime? Ne se trouvera-t-il pas en Europe de gouvernements bien intentionnés qui jugeront à propos de s'entremettre et de recommander le maintien de la paix? Cette paix, qui prévient les insurrections de nègres et la destruction du coton, n'est-elle donc pas dans l'intérêt de tous? Pourquoi n'y aurait-il pas deux Confédérations, vivant côte à côte, en bonne amitié?

Il est évident que les habiles tendent là et que les violents leur ont laissé donner, dans l'intérêt commun, cette couleur radoucie au mouvement insurrectionnel. Les habiles savent trop bien, eux, ce que serait une guerre prolongée, pour la désirer. Ils préparent la guerre dans l'espérance, sinon de l'éviter entièrement, au moins d'en prévenir la durée, et d'obtenir sur-le-champ, au profit de la scission méridionale, cette espèce de consécration que confère de nos jours le fait accompli. Peut-être les États-Unis, cédant à un sentiment qui a certes son côté honorable, laisseront-ils subsister la Confédération des États du golfe, plutôt que de l'écraser, ce qui serait trop facile, en portant chez elle une guerre terrible qu'accompagneraient les insurrections d'esclaves. Ne nous hâtons pas de blâmer une pareille conduite; rappelons-nous que tout le monde pousse dans ce sens, que tous les conseils donnés à M. Lincoln (dans l'ancien monde comme dans le nouveau) commencent invariablement par ces mots : « Tâchez d'éviter la guerre civile; » rappelons-nous aussi qu'il faudra, pour résoudre le problème américain, beaucoup plus de temps que nous ne l'imaginons en Europe; tâchons de nous mettre à la place de ceux qui voient les choses telles qu'elles sont et qui se trouvent aux prises avec les difficultés.

La patience aura sans doute ici ses immenses inconvénients; la Confédération des États à coton, si on la combat mollement ou si on la tolère, semblera être la preuve vivante du droit de séparation; elle sera l'asile tout préparé où les États limitrophes mécontents pourront se réfugier au besoin. Toutefois il s'agit de tolérer cette Confédération, et non certes de reconnaître la légitimité de l'acte qui lui a donné naissance; il s'agit d'user d'une longanimité généreuse à laquelle de nouvelles menaces de scission mettraient nécessairement un terme. Et puis n'est-ce rien que de manifester un esprit de paix propre à toucher les plus prévenus, de lier la plupart des États limitrophes aux destinées des États-Unis, de mettre en évidence la distinction qui existe entre eux et l'extrême Sud, de leur faire prendre parti enfin? S'ils surmontent la tentation actuelle (et ils n'en rencontreront jamais de plus forte), s'ils consentent à sacrifier leurs intérêts immédiats et à renoncer à ce commerce d'esclaves qui doit cesser peut-être du jour au lendemain dans le cas où ils ne se joindraient pas aux « États confédérés, » n'est-ce rien qu'une semblable résolution? ne renferme-t-elle pas des garanties pour l'avenir? On ne met pas impunément les pieds dans la bonne voie; les déterminations honnêtes nous mènent toujours, Dieu merci, plus loin que nous ne comptions aller. A supposer même que les États limitrophes qui refusent de s'allier au Sud aient l'intention d'imposer au Nord certaines conditions fâcheuses, ils ne s'en seront pas moins détournés de leurs anciennes alliances, ils n'en auront pas moins commencé à marcher dans un sens nouveau. Nous aurions tort de méconnaître ce qu'il y a d'honorable dans l'attitude de plusieurs d'entre eux; en surveillant leurs législatures, en exigeant que les votes de scission fussent soumis à la ratification du peuple entier, certains États frontières semblent s'être montrés résolus à déjouer les intrigues de Charleston.

La cause de l'émancipation fait ainsi un pas très-considérable, dans l'hypothèse d'une confédération méridionale réduite, ou à peu près, aux seuls États du golfe. La scission restreinte est peut-être, de toutes les combinaisons, la plus favorable à la suppression de l'esclavage.— Représentez-vous, en effet, ce que sera cette confédération méridionale. Ce sera une république impossible, non viable, dont la séparation cessera quelque jour, et qui, en attendant, sera incapable de réaliser aucun de ses projets favoris. Dès la première heure, l'extrême Sud s'est trouvé placé en face d'un dilemme : ou entraîner tous les États à esclaves et aborder alors au moment favorable l'exécution de ses plans grandioses, courir vers sa destinée, vers son idéal, conquérir des territoires, les peupler de nègres, et périr par l'accomplissement d'une œuvre impie ; ou rester seul, et ne rien entreprendre, et périr encore, mais cette fois par simple impuissance de vivre. Que faire, quand on n'est que l'association misérable de quelques centaines de milliers de blancs propriétaires et gardiens de quelques centaines de milliers de noirs? Des conquêtes? On n'oserait. La traite? On attirerait la foudre.

Or, remarquez-le, au sein d'une confédération moralement isolée du monde entier, ne recevant ni le secours des émigrants ni celui des capitaux, privée, en bonne partie du moins, des recrutements de noirs qu'elle tirait autrefois du Nord, ne pouvant même se risquer à imiter l'Espagne qui va acheter des nègres *libres* aux chasseurs d'esclaves du continent africain, hors d'état de s'opposer aux évasions qui auront lieu par toutes ses frontières, la question de l'esclavage marchera forcément vers sa solution. L'extrême Sud, chose étrange, se trouvera providentiellement placé comme un obstacle entre les États-Unis et les contrées dont ils méditaient naguère l'acquisition. Les États-Unis auront l'avantage de ne pouvoir même penser à Cuba, ou à l'Amérique centrale, ou au Mexique; ils seront délivrés pour un temps de ces tentations funestes et des États où elles rencontraient l'appui le plus passionné. Et, pendant ce temps-là, l'extrême Sud sera contraint en quelque sorte d'envisager le problème de l'esclavage sous un aspect qui lui était inconnu.

Plus tard viendra le choc, le conflit ajourné,

mais inévitable. Bloqué au midi, bloqué au nord, bloqué du côté de l'Afrique, miné et déchiré par ses divisions intestines, l'extrême Sud aura à faire face, une fois ou l'autre, à la puissance irrésistible des États-Unis. S'imagine-t-on, par hasard, que ceux-ci vont renoncer pour toujours à la Nouvelle-Orléans et au golfe du Mexique? Mieux ils se seront relevés et affermis, plus ils seront amenés, disons mieux, forcés d'englober derechef les portions de leur ancien domaine qui se seront essayées à vivre sans eux.

D'ici là, le débat relatif à l'esclavage aura pris chez eux une simple et forte allure. L'extrême Sud, en s'éloignant, aura toute facilité : il aura doté les États-Unis d'une politique homogène et de majorités libérales. Par le seul effet du départ des sénateurs et des députés de l'extrême Sud, le parti opposé à l'esclavage aura acquis d'emblée la supériorité numérique qui lui manquait au Congrès; il sera en mesure de faire voter ses bills, de former son administration, de constituer peu à peu des tribunaux pleinement favorables à ses principes. Ensuite, les États limitrophes qui n'auront pas suivi la fortune de l'extrême Sud se trouveront liés à celle du Nord; associés à ses intérêts, ouverts à ses idées, plusieurs ne tarderont pas, le fait est certain, à achever l'œuvre de liberté déjà commencée chez eux, se plaçant ainsi avec leurs riches et vastes territoires au nombre de ces États fortunés où la suppression de l'esclavage donne le signal à l'invasion féconde des émigrants, du progrès agricole, de la richesse et du crédit. Ainsi « l'institution patriarcale » disparaîtra paisiblement au sein de la région moyenne, tandis qu'elle sera menacée des plus terribles secousses au sein de la région tropicale.

Ceci est une chance commune à la scission restreinte et à la scission totale, mais qui est plus inévitable encore dans la dernière. Vis-à-vis de la Confédération misérable de l'extrême Sud, les États-Unis pourront patienter; vis-à-vis de la Confédération comprenant tous les États à esclaves (ou, ce qui revient au même, vis-à-vis de deux Confédérations distinctes, comprenant, l'une les États à coton, l'autre les États moyens, et unies contre le Nord par un vieil instinct de complicité), l'attitude des États-Unis, chacun le prévoit, sera inévitablement plus hostile. La scission totale ne peut naître elle-même que d'un sentiment d'hostilité déclarée; elle a la valeur d'une déclaration de guerre. Supposez que M. Lincoln rejette l'avis de ceux de ses ministres qui inclineraient peut-être à accepter le fait de séparation ; supposez que, tout en ménageant le Sud et en s'efforçant de lui épargner les horreurs de la lutte armée, il persiste à sauvegarder les droits de la Confédération et à assurer par un blocus maritime la perception des taxes ; supposez que la croisière s'organise de la Caroline du Sud au Rio-Grande, appuyée aux forts Pickens, Jefferson et Taylor, qu'on aura ravitaillés, coûte que coûte, après avoir été contraint d'abandonner le fort Sumter ; supposez qu'on surveille de la sorte les ports de Charleston, de Savannah, de Mobile et de la Nouvelle-Orléans, ne pourra-t-il pas arriver que le gouvernement insurrectionnel de Montgomery se décide à opérer une marche sur Washington ? N'est-il pas probable que la Caroline du Nord, la Virginie et le Maryland se laisseront traverser sans mot dire ? Bien plus, n'est-il pas permis de croire que ces États, et avec eux bon nombre de ceux du Centre, ralliés autour de leur ancien drapeau par l'approche même du péril, iront faire cause commune avec la Confédération de l'esclavage? En pareil cas, comment écarter les chances d'un effroyable conflit? Les États-Unis pousseront-ils la patience à l'égard des agresseurs, la crainte de donner un signal de ruine, la déférence envers les conseils qu'on leur prodigue peut-être, jusqu'à refuser de répondre à une attaque violente et jusqu'à consentir à l'enlèvement de leur capitale? Il est difficile de l'imaginer. Si le Sud attaque, la guerre éclatera, et les États limitrophes seront exposés aux premiers coups.

Mais admettons qu'on réussisse à prévenir une explosion immédiate, le seul fait d'une scission totale et de la formation de deux Confédérations presque égales (en apparence du moins) ne permettrait à personne de compter sur la conservation prolongée de la paix. Que de froissements! que de griefs! Il s'en trouvera dans toutes les relations, dans toutes les questions. Et, d'un grief à la guerre, de la guerre à l'insurrection des nègres, quelle distance y aura-t-il, je le demande? Le Sud alors sera un vaste magasin à poudre, où la moindre étincelle mettra le feu. Et le Sud ne perdra pas ses habitudes de fierté; il sera querelleur comme il l'a toujours été. N'annonce-t-il pas déjà dans ses journaux qu'au premier encouragement donné à ses esclaves fugitifs il tirera l'épée? Or, de tels encouragements ne feront certes pas défaut. Le Sud ne sait pas, à l'heure qu'il est, combien ce Nord dont il se plaint contribue à prévenir les évasions qu'il redoute. Le gouvernement fédéral est là pour s'y opposer, dans une certaine mesure du moins. Quand l'obstacle préventif aura disparu, le Sud verra avec quelle rapidité son esclavage s'écoulera par tous les points de ses frontières ; il verra ses *heureux* nègres prêts à affronter mille périls plutôt que de rester sous sa loi. Hélas! il verra bien d'autres preuves de leur enthousiasme pour la servitude! Je n'aime pas à ramener trop souvent sous les yeux du lecteur de sanglantes images qui me font frémir; il faut bien le dire cependant tandis qu'il en est temps encore, la Confédération générale du Sud, enivrée de ses projets, décidée à agrandir ses domaines, forcée de demander à la traite africaine les moyens de repeupler ses États dépeuplés par l'évasion et d'installer l'esclavage dans de nouveaux territoires, attirera sur elle, non-seulement les colères des États-Unis, mais l'indignation du monde entier. Et quelles misères, quelles ruines, au premier conflit!

J'aime mieux arrêter ma pensée sur la troisième hypothèse, celle d'un retour à l'union aujourd'hui brisée. Instruite par l'expérience, reconnaissant le peu qu'elle pèse dans le monde depuis qu'elle s'est séparée des États-Unis, pauvre, faible, divisée, comprenant l'impossibilité de réaliser ses vrais plans sans s'exposer à des catastrophes, perdant les unes après les autres ses ressources et jusqu'à la culture du coton, qui réclame, elle aussi, du crédit et de la sécurité, incapable d'empêcher la fuite de ses esclaves et n'osant pas affronter cette grande puissance de l'opinion qui lui interdira le voyage d'Afrique, la Confédération méridionale, épuisée et consternée, aimera mieux peut-être rentrer un jour dans le sein de l'Union que de se précipiter dans les derniers malheurs. En ce cas encore, la question de l'affranchissement aura fait des pas immenses. Les États-Unis auront pris en l'absence du Sud une position décidée que le retour du Sud ne saurait leur faire perdre ; les convictions seront fixées, l'impulsion définitive aura été donnée, et cette impulsion, le Sud venu à résipiscence saura bien qu'il ne lui reste qu'à la subir.

Vient enfin une dernière hypothèse, que je mentionne parce qu'il faut tout prévoir : sous la double influence des États limitrophes et des États du Nord également désireux de maintenir l'Union, les essais de l'extrême Sud auront échoué, sa séparation n'aura tenu que quelques mois, un compromis quelconque aura servi à couvrir sa retraite. Mais quel compromis pourrait compenser ce fait si considérable, l'élection de M. Lincoln? Elle a une signification profonde qu'aucun vote ne lui enlèvera ; elle signifie que les conquêtes de l'esclavage sont finies. Cela étant, l'avenir est facile à prévoir : majorités croissantes du Nord, disproportion croissante des deux parties de la Confédération. Après quatre années d'un gouvernement Lincoln, les États à esclaves auront perdu toute espérance de lutter, avec leurs huit millions de blancs chargés de garder quatre millions de noirs, contre les vingt millions de citoyens qui habitent les États libres. Ajoutons que, l'avenir une fois fixé et la question de prépondérance une fois résolue, bien des passions tomberont une à une. Le nombre des États libres ne grandira pas seulement par le défrichement de nouveaux territoires, il grandira par l'affranchissement des esclaves clair-semés, toujours plus clair-semés, du Maryland, du Delaware ou du Missouri. Nous pourrions décrire dès aujourd'hui cet affranchissement, tant la *méthode américaine* est connue. Elle consiste, comme chacun sait, à émanciper d'avance les enfants à naître. C'est elle qui a été uniformément appliquée dans les États du Nord, et c'est elle sans aucun doute qui sera appliquée un jour dans les États limitrophes, pourvu toutefois que la guerre civile ne vienne pas y accomplir une émancipation bien différente, l'émaucipation par le soulèvement des esclaves. Il n'en sera rien, je l'espère; le progrès pacifique aura son cours. On verra alors ces États intermédiaires, les uns après les autres, retrouver la vie en même temps que la liberté : ils se transformeront comme s'ils avaient été touchés par la baguette d'une fée.

Telles sont les perspectives qui s'offrent à nous. Si nous nous souvenons, en outre, du mouvement qui commence à s'opérer dans les sociétés religieuses et dans les Églises, mouvement qui ne peut manquer de se compléter prochainement, nous saurons à quoi nous en tenir sur le sort qui attend une iniquité sociale contre laquelle vont conspirer à la fois les folies de ses partisans et l'indignation de ses ennemis.

CHAPITRE IX

COEXISTENCE DES DEUX RACES APRÈS L'ÉMANCIPATION

CHAPITRE IX

COEXISTENCE DES DEUX RACES APRÈS L'ÉMANCIPATION.

Ce qui est plus difficile à prévoir que la suppression, désormais certaine, de l'esclavage, ce sont les conséquences de cette suppression. Le problème de la coexistence des deux races pèse, à l'heure qu'il est, d'un poids écrasant sur la pensée de tous; il mêle des doutes cruels aux espérances des uns, il exaspère la résistance des autres. Serait-il vrai que l'émancipation dût être le signal d'une lutte d'extermination? N'y a-t-il pas place sur le sol américain pour les noirs libres à côté des blancs libres? Je ne me le dissimule pas, il y a ici une prévention accréditée, une opinion admise qui, plus que rien autre peut-être, entrave le progrès aux États-Unis. Essayons de l'apprécier.

M. de Tocqueville, qui a jugé l'Amérique d'un coup d'œil si sûr, s'est pourtant trompé sur quelques points, ses plus chauds admirateurs doivent l'avouer. Ecrivant à une époque où les grands résultats de l'émancipation anglaise ne s'étaient pas encore produits, il a pu formuler cet arrêt terrible dont on s'est tant prévalu : « Jusqu'ici, partout où les blancs ont été les plus puissants, ils ont tenu les nègres dans l'avilissement et dans l'esclavage; partout où les nègres ont été les plus forts, ils ont détruit les blancs. C'est le seul compte qui se soit jamais ouvert entre les deux races. »

Un autre compte s'est ouvert, grâce à Dieu, et personne ne s'en félicitait plus sincèrement que M. de Tocqueville, lui si généreux et dont les sentiments abolitionistes n'étaient certainement un mystère pour aucun de ses collègues à la Chambre. Mais son arrêt subsiste dans son livre, et chacun de répéter après lui que les blancs et les noirs ne peuvent vivre ensemble sur le même sol, à moins que les seconds ne soient asservis aux premiers.

Je le répète, au moment où il écrivait, il avait raison, ou du moins les faits connus lui donnaient raison; la liberté des noirs n'avait alors qu'un nom, Saint-Domingue. Aujourd'hui, les victoires de l'émancipation chrétienne sont venues se placer auprès des catastrophes provoquées par un despotisme impénitent.

Les colonies anglaises ont avec les États du sud de l'Union des analogies très-frappantes. Les noirs y sont nombreux, plus nombreux même par rapport aux blancs que dans les Carolines ou dans la Floride. Le climat y est encore plus brûlant et les cultures y réclament d'une façon plus impérieuse les bras des noirs. Quant aux préjugés des maîtres, j'ose affirmer que les planteurs du continent et ceux des Antilles n'ont rien eu longtemps à se reprocher. Qu'est-il cependant arrivé aux Antilles? Non-seulement la liberté a été proclamée, ceci est le fait de la métropole, mais la coexistence des races a subsisté. C'est le point auquel je demande qu'on soit attentif. Là, des noirs et des blancs également libres, revêtus des mêmes priviléges, exerçant les mêmes droits, se rencontrant dans les rangs de la milice, dans la magistrature et jusque sur les bancs des assemblées coloniales, acceptent à merveille cette vie en commun. Et les blancs y sont des Anglo-Saxons, remarquez-le, c'est-à-dire qu'ils appartiennent à cette race qu'on déclare incapable de supporter des noirs libres dans son voisinage.

Il faut en appeler quelquefois de ces axiomes si hardiment formulés qui nous servent à régler d'une manière inflexible ce qui doit subir, dans une mesure infinie, la mobilité des circonstances et des influences. L'influence de l'Évangile, en particulier, est un fait dont on ne mesure jamais assez la portée. Elle a créé aux Antilles une population nègre qui maintient son égalité légale vis-à-vis des blancs et qui ne repousse pas entièrement leur patronage, population cliente qui est aussi une population libre, libre dans le sens le plus absolu du mot. Les noirs des Antilles travaillent sur les plantations et assurent le succès des grandes cultures; mais, en même temps, ils deviennent eux-mêmes propriétaires, formant peu à peu une des classes de paysans les plus heureuses et les plus remarquables qu'il y ait sur la terre. Leurs petits champs, leurs jolis villages témoignent d'une vraie prospérité ; et il y a là quelque chose qui vaut mieux que la prospérité, il y a le progrès moral, le développement des intelligences et le relèvement des âmes.

On va nous demander si, au milieu de tant de progrès, la production du sucre n'a pas souffert. — Je réponds qu'elle s'est accrue, au contraire. On avait prédit que l'émancipation serait le coup de mort des colonies britanniques, je soupçonne même que bien des gens en sont encore persuadés à l'heure qu'il est ; or, en dépit des fautes commises par les planteurs, qui n'ont rien négligé pour dégoûter les nègres du travail et les éloigner de leurs anciens ateliers, il se trouve qu'ils y sont revenus, se contentant d'un salaire qui ne s'élève guère en moyenne au-dessus d'un schelling par jour. Si nous comparons les deux derniers exercices de la liberté aux deux dernières années de l'esclavage, nous découvrirons que la production totale du sucre a augmenté dans les colonies où s'est accomplie l'émancipation de 1834. Et elles n'ont pas eu à supporter seulement cette crise de l'émancipation, elles ont eu à supporter une autre crise plus redoutable, celle de la liberté commerciale brusquement introduite en 1847. On vit alors les sucres coloniaux, exposés à la concurrence du sucre produit à la Havane et ailleurs par les nègres de traite, subir une baisse prodigieuse. On put croire que la production allait périr; elle s'est relevée néanmoins, et les Antilles anglaises, avec leurs nègres libres et leurs sucres non protégés, mises aux prises avec la liberté entière sous toutes ses formes, importent aujourd'hui dans la métropole trois ou quatre millions de quartauts de sucre de plus qu'au moment où la crise du libre échange a éclaté.

La liberté fait de ces miracles. On se défie toujours d'elle, et elle répond à nos méfiances par des bienfaits. Les Antilles anglaises qui, depuis trente ans bientôt, ont eu à surmonter, outre les deux crises de l'émancipation et du libre échange, le tremblement de terre de 1840 et six années consécutives de sécheresse; les Antilles anglaises, qui ont eu à liquider leurs dettes anciennes et à réparer des ruines accrues par la faillite de la banque de la Jamaïque, ont maintenant une attitude qui prouve qu'elles ne craignent pas l'avenir et ne regrettent guère le passé.

Sous l'esclavage, les Antilles marchaient à leur ruine; avec la liberté, elles deviennent un des plus riches débouchés de l'Angleterre; sous l'esclavage, elles n'auraient pu supporter le choc du libre échange; avec la liberté, elles ont gagné cette nouvelle bataille : voilà le produit net de l'expérience. Si nous doutons encore, comparons la Guyane hollandaise qui a des esclaves, et la Guyane anglaise qui a affranchi les siens; ce sont deux pays voisins dont les ressources sont égales. La Guyane anglaise est en progrès, tandis que Surinam voit ses cultures à l'abandon; les trois quarts de ses plantations sont déjà délaissées et le reste s'en va.

Mais la question des profits et pertes n'est pas seule ici, je pense, et, après avoir compté les caisses de sucre, après avoir montré que sous ce rapport l'émancipation anglaise est en règle, il me sera permis de mentionner aussi un autre genre de résultats. Considérons ces jolies chaumières, ces mobiliers propres et presque élégants, ces jardins, cet air général de bien-être et de civilisation; interrogeons ces noirs dont l'aspect physique s'est déjà modifié sous l'influence de la liberté, ces noirs dont le nombre décroissait rapidement à l'époque de l'esclavage et commence au contraire à s'accroître depuis l'affranchissement; ils nous parleront de leur bonheur. Les uns sont devenus propriétaires et travaillent pour leur propre compte (ce n'est pas un crime, j'imagine), les autres s'associent pour affermer de grandes plantations ou portent peut-être aux usines des riches planteurs les cannes récoltées chez eux; ceux-ci sont marchands, beaucoup louent leurs bras comme cultivateurs. Quels que soient les torts d'un certain nombre d'individus, l'ensemble des nègres libres a mérité ce témoignage rendu en 1857 par le gouverneur de Tabago : « Je nie que nos noirs de la campagne aient des habitudes de paresse. Il n'existe pas dans le monde une classe aussi industrieuse. »

C'est un spectacle admirable et que l'histoire des hommes nous présente trop rarement, que celui d'une population dégradée qui s'élève et qui s'élève encore, se mettant au niveau de ceux qui la méprisaient autrefois. Le concubinage, si général au temps de la servitude, qu'on avait inventé le fameux axiome : « Les nègres ont horreur du mariage, » est remplacé maintenant par des unions régulières. En devenant libres, les nègres ont appris à se respecter : les rapports unanimes des gouverneurs signalent le progrès de leurs habitudes de sobriété. Les crimes ont beaucoup diminué parmi eux. Ils sont polis, bien élevés, tombant même dans l'excès d'une courtoisie exagérée. Ils respectent les vieillards ; passe-t-il un homme âgé dans un village, les enfants se lèvent et cessent de jouer.

Ces enfants sont envoyés avec soin aux écoles, dont l'entretien repose en bonne partie sur les dons volontaires des nègres. Reconnaissants envers l'Évangile qui les a affranchis, les anciens esclaves se sont attachés avec passion à leurs pasteurs ; leurs premières ressources sont consacrées à l'église, à l'école et parfois aussi aux missions lointaines, à l'évangélisation de cette Afrique dont ils se souviennent pour y faire du bien. Nous serions à la fois surpris et humiliés, si nous rapprochions des dons de notre charité si vantée ceux de ces pauvres gens, de ces affranchis de la veille, que nous nous croyons le droit de traiter avec dédain.

Grâce à l'Évangile, et c'est là que je tenais à en revenir, le problème de la coexistence des races se résout le plus pacifiquement du monde aux Antilles. Entre hommes libres, pour peu que ces hommes libres soient des chrétiens, les inégalités spécifiques s'effacent vite et le préjugé de l'épiderme ne se trouve pas, en définitive, aussi insurmontable qu'on nous l'a dit. Dans ces colonies anglaises, qui sont de vraies républiques se gouvernant elles-mêmes et qui rappellent par ce trait encore la situation des États du Sud, on s'est habitué à accepter les noirs comme concitoyens ; ils exercent des professions libérales ; ils sont électeurs et souvent élus, car ils forment à eux seuls le cinquième de l'Assemblée coloniale à la Jamaïque ; ils sont officiers de police, officiers de milice, et leur autorité n'est méconnue par qui que ce soit.

Je viens de nommer la Jamaïque; on voudra peut-être s'en faire une objection contre moi. Le fait est que cette grande île a semblé faire exception à la prospérité générale; des fortunes considérables y ont péri, la transformation y a été plus lente et plus douloureuse que partout ailleurs. Mais, lorsqu'on s'arme de ces circonstances, on oublie deux choses : d'abord que les causes du mal étaient antérieures à l'émancipation, ensuite que la guérison est venue de l'émancipation elle-même. Avant l'émancipation, la Jamaïque était insolvable, ses plantations étaient hypothéquées par delà leur valeur, et ses cultures étaient bien autrement menacées qu'elles ne l'ont été depuis. Depuis, savez-vous ce qui s'est passé? Les difficultés qui paraissaient insolubles ont été résolues; aujourd'hui, le cap est doublé et l'on navigue en paix. A l'heure qu'il est, la Jamaïque renferme deux ou trois cents villages habités par les nègres libres; ceux-ci travaillent volontiers; car, d'après les dernières informations (février 1861), le prix des journées baissait au lieu d'augmenter. Parmi ces nègres libres, il n'y a pas moins de dix mille propriétaires, et les trois huitièmes du terrain cultivé sont dans leurs mains. Ils ont partout établi des moulins à sucre, imparfaits, grossiers, mais fonctionnant toutefois d'une façon suffisante, et ces moulins de la petite propriété se comptent par milliers. Aussi la classe moyenne de couleur s'enrichit-elle de jour en jour; les familles qui la composent possèdent toutes un cheval ou un mulet; elles ont leurs comptes ouverts sur les livres des banques et des caisses d'épargne. Enfin, ce qui vaut mieux que tout cela, les nègres libres de la Jamaïque ont bâti plus de deux cents chapelles et autant d'écoles. Au moment même où j'écris ces lignes, un mouvement religieux très-vif se produit parmi eux, les débits de rhum sont abandonnés, les classes les plus dégradées entrent à leur tour dans la voie du progrès.

J'aurais voulu citer nos propres colonies et ne pas me borner aux îles anglaises; j'en ai été empêché, non-seulement par le souvenir des incendies de 1859 à la Martinique et de l'état de siége qu'il fallut y proclamer, mais surtout par cette circonstance que la liberté de nos anciens esclaves a été restreinte trop souvent au moyen des règlements de vagabondage, que le travail a continué à leur être imposé jusqu'à un certain point, que le morcellement des propriétés a été entravé par des mesures fiscales, que d'ailleurs c'est moins le travail des anciens esclaves que celui des coolies et des autres engagés qui a assuré le succès de notre expérience, d'où il résulte que ce succès est loin d'être aussi concluant que celui qu'on a obtenu ailleurs sous le régime de l'entière liberté. Cependant notre succès, qui n'est pas moins réel, signifie aussi quelque chose. Si nous n'avons pas encore ces villages libres, cette classe de petits propriétaires nègres dont je viens de parler, nous avons, comme les Anglais, des nègres libres dans notre milice et dans notre inscription maritime; comme eux, nous avons eu nos élections et toutes les classes de la population y ont pris part; comme eux, et plus qu'eux peut-être, nous avons accru depuis l'émancipation notre production sucrière. Il est vrai que la crise du libre échange n'a pas encore passé chez nous et qu'on ne peut savoir comment nos sucres coloniaux la supporteront. Mais nous ne tarderons pas à être édifiés sur ce point : par un acte auquel on ne peut qu'applaudir et qui continue l'œuvre qu'il a entreprise, le gouvernement français vient de supprimer la protection conservée jusqu'à présent à nos planteurs. Si bientôt, comme il est permis de l'espérer, ils sont délivrés des charges du régime colonial dont ils ont perdu les avantages, on les verra lutter, et lutter avec succès, j'en suis convaincu, contre les sucres espagnols produits au moyen des nègres de traite.

On soutiendra peut-être que l'antipathie de race est plus forte aux États-Unis que partout ailleurs et que les Américains sous ce rapport sont inférieurs aux Anglais. — Je connais comme un autre ces infâmes procédés envers les nègres libres qui sont le crime du Nord, non moins odieux que celui du Sud. Quelle conscience ne se soulèverait à la pensée de ces préjugés de l'épiderme qui ne permettent pas au noir de prendre place à côté du blanc à l'école, à l'église, dans les voitures publiques? L'autre jour encore, il n'a pas fallu moins qu'une dénonciation en plein parlement pour commencer à détruire, par une flétrissure publique, le classement qui s'opérait, sur les bateaux anglais eux-mêmes, entre Liverpool et New-York. Il est des États nouveaux qui excluent purement et simplement les nègres libres de leur territoire; ceux qui ne les excluent pas du territoire les expulsent du scrutin. L'injustice enfin est aussi grossière, aussi criante, qu'il soit possible de l'imaginer.

En faudra-t-il conclure que la coexistence des races, possible ailleurs, est impossible aux États-Unis? Je me défie de ces assertions tranchantes qui résolvent d'un coup les problèmes; je refuse surtout d'admettre si aisément que l'iniquité doive se maintenir par cela seul qu'elle existe, et qu'il suffise de dire : « Je suis ainsi fait; que voulez-vous! on ne me changera pas, » pour se soustraire à l'accomplissement du plus élémentaire devoir. Supporter les nègres libres à côté de soi, respecter leur indépendance, s'abstenir d'injures envers eux, consentir au plein exercice de leurs droits, c'est un devoir élémentaire; la charité chrétienne, je n'ai pas besoin de le dire, réclame quelque chose de mieux.

Est-ce à dire que nous nous poserons en juges et que nous flétrirons comme des misérables tous ceux qui méconnaissent ainsi les lois de la charité et de la justice? Je crains bien que, mis à leur place, nous ne fissions exactement ce qu'ils font. Vivant dans le Sud, nous aurions des esclaves et nous défendrions à outrance l'esclavage; vivant dans le Nord, nous foulerions aux pieds la classe libre de couleur. N'y a-t-il donc ni vrai, ni faux, ni juste, ni injuste? A Dieu ne plaise! Le juste et le vrai demeurent, l'iniquité doit être impitoyablement condamnée; mais nous sommes tenus d'avoir plus d'indulgence pour les hommes que pour les choses. Nous sommes tenus de nous rappeler que l'influence des milieux est énorme, et que, si les crimes sont toujours sans excuse, il y a beaucoup de criminels excusables.

Lorsqu'on examine de près le préjugé de l'épiderme tel qu'il domine aux États-Unis, on ne tarde pas à découvrir qu'il repose en bonne partie sur un malentendu : on prend la coexistence pour la fusion. Autant la première est désirable, autant, je ne crains pas de l'affirmer, la seconde le serait peu. Pourquoi songer à fondre ou à assimiler les deux races? Pourquoi poursuivre comme un idéal de fréquents mariages entre elles et la formation d'une troisième race, celle des mulâtres? L'Amérique a raison de résister à de telles idées et de s'inscrire contre un tel avenir, fort peu conforme évidemment aux desseins de Dieu.

Mais la coexistence n'entraîne nullement la fusion à sa suite. Sur ce point aussi l'expérience a prononcé. Dans les colonies anglaises, la liberté des noirs est entière, l'égalité légale des deux races n'est pas contestée, les mœurs publiques se sont pliées à ces égards réciproques sans lesquels on ne saurait vivre ensemble; mais il n'est question ni de fusion, ni d'assimilation, et l'aristocratie de la peau reste ce qu'elle doit être, une distinction durable et acceptée des deux parts entre races qui ne sont pas destinées à se mélanger. Je ne sache pas qu'il y ait beaucoup de mariages contractés par les blancs et les négresses à la Jamaïque, et je crois que la classe des mulâtres s'accroissait bien plus vite sous l'esclavage qu'elle ne le fait depuis la liberté. Voyez à cet égard ce qui se passe maintenant encore aux États-Unis : comme les quarterons s'y vendent mieux que les noirs, les esclaves à peau blanche ou presque blanche y abondent, et les malheureuses femmes qui ne se prêtent pas à certaines combinaisons sont souvent châtiées à coups de fouet.

Avec la liberté, chaque race pourra du moins se tenir à part; avec elle, on pourra avoir la coexistence sans la fusion, on pourra n'avoir ni mélange ni hostilité. Cela est d'autant plus facile, que les nègres, cette race pleine de douceur, acceptent volontiers la seconde place et ne demandent nulle part ce qu'on tient tant à leur refuser. Que leur liberté soit complète, que l'égalité légale et les bons rapports soient maintenus, ils ne réclameront pas davantage.

Mais ils ne réclameront pas moins, et ils auront raison. Je ne comprendrais pas, en vérité, qu'une coexistence si inoffensive fût longtemps repoussée par le peuple éclairé des États-Unis. Il est, dans l'Amérique espagnole, des nègres arrivés aux grades les plus élevés de l'armée et qui montrent autant d'intelligence, autant de bonne tenue et de dignité dans le commandement que pourraient le faire des blancs. J'ai vu moi-même à Paris un pasteur d'un noir d'ébène, et qui était bien l'homme le plus distingué, le plus comme il faut qu'on pût rencontrer; savant remarquable, il avait reçu de plusieurs universités européennes le titre de docteur.

En fait, les nègres sont, beaucoup plus que nous ne l'imaginons, nos semblables et nos égaux; ils se plient mieux que les Indiens à notre civilisation. Ils cherchent à s'instruire, et non-seulement les noirs libres des îles anglaises s'empressent, nous l'avons vu, d'appeler des instituteurs, mais ceux mêmes des États-Unis, tout écrasés qu'ils sont par des traitements indignes, ne négligent aucun moyen pour introduire leurs enfants dans les écoles où figure un neuvième de leur nombre total. A Libéria, ils se montrent jusqu'ici fort capables de se gouverner. A Haïti, depuis qu'ils sont délivrés du joug ridicule et odieux de Soulouque, ils s'avancent assez rapidement, affirme-t-on, dans la voie du véritable progrès : les mariages réguliers s'accroissent, l'instruction populaire s'établit, la liberté religieuse est respectée. Enfin dans la colonie nègre de Buxton, au Canada, les esclaves fugitifs du Sud sont devenus des propriétaires laborieux et honorés de tous.

Ne disons pas que le préjugé de l'épiderme est indestructible ; la suppression de l'esclavage peut le modifier profondément. Ce qui rabaisse aujourd'hui le nègre libre, c'est qu'il y a le nègre esclave. Pour être respectables, nous avons tous besoin d'être respectés. Le pauvre nègre libre a honte de lui-même; il n'ose aspirer à rien de noble et de grand; il conserve d'ailleurs comme legs de l'esclavage cette pensée que le travail est déshonorant, que la fainéantise est un signe d'indépendance. Cela suffit pour qu'il demeure étranger aux professions honorables et pour qu'il se confine dans l'exercice des mauvais métiers. Lorsque l'esclavage aura disparu, la situation des noirs libres deviendra tout autre : ils seront en nombre, ils auront une part appréciable dans le règlement des affaires nationales, leur vote comptera, et, dès lors, nous pouvons être tranquilles, on ne craindra pas de les traiter avec considération et peut-être de leur faire la cour.

Déjà la loi de New-York, ainsi que la cour suprême de cet État, ont reconnu que la couleur n'exerce aucune influence sur les droits des citoyens. Le temps approche où le Nord ne contestera plus l'intervention des nègres libres dans les scrutins. Ce sera un grand pas en avant. Remarquons, du reste, qu'après l'émancipation générale, la population noire, tout en exerçant sa part d'influence, ne pourra jamais alarmer, par le nombre des suffrages dont elle disposera, la susceptibilité jalouse des blancs; ceux-ci, en effet, ne cessent de se recruter par l'immigration européenne, et un jour viendra où les quelques millions de nègres des États-Unis s'apercevront à peine au sein d'une nation gigantesque.

L'honneur du Nord est en jeu : c'est à lui à donner maintenant un exemple et à montrer, par la réforme de ses propres habitudes, qu'il a le droit de combattre le crime du Sud. Il faut qu'il se mette sérieusement, résolûment à résoudre le problème de la coexistence des races, en même temps que le Sud résoudra, qu'il le veuille ou non, le problème de l'affranchissement. Liberté au Sud, égalité au Nord, l'une n'est pas moins nécessaire que l'autre ; on peut même dire qu'un des grands obstacles à la pensée d'émancipation, c'est cette autre pensée, que les blancs et les noirs ne pourront vivre ensemble et devront un jour s'exterminer.

Pourquoi laisser établir cet axiome mensonger qui arrête tout progrès ? Pourquoi ne pas jeter les yeux sur les colonies voisines où le préjugé de la couleur régnait en maître avant l'émancipation et où il s'efface rapidement depuis? Les États-Unis ont à atteindre un but élevé; qu'ils se gardent de viser trop bas. Ils n'auront pas trop des efforts de tous, de la charité de tous, des sacrifices de tous, des efforts énergiques par lesquels tous sauront s'élever au-dessus des préventions vulgaires, pour accomplir la tâche la plus difficile à la fois et la plus belle qui ait été proposée à un grand peuple.

Le Nord, je le répète, est tenu de donner un noble exemple en remportant une éclatante victoire sur lui-même. Qu'il se dise que la coexistence n'est pas la fusion : il ne s'agit pas d'épouser les nègres, mais de les traiter avec justice. La crainte de la fusion une fois écartée, bien des choses changeront d'aspect. Pourquoi, en effet, le préjugé de race est-il plus fort dans les États libres que dans les États à esclaves?

Parce que les seconds savent que l'esclavage est une ligne de démarcation suffisante et parce qu'ils n'ont pas à redouter la fusion. Or, elle n'est et ne sera redoutable nulle part : l'instinct des deux races préviendra le mélange, et les noirs tiennent autant à se tenir séparés des blancs que les blancs à ne pas s'allier aux noirs. Il n'a pas fallu moins, je l'ai dit, que l'esclavage et les habitudes perverses qu'il enfante, pour abaisser jusqu'à un certain point cette barrière. Si la classe de mulâtres ainsi formée domine dans certaines républiques de l'Amérique du Sud, cela tient à l'absence d'une nombreuse et forte race blanche, pareille à celle qui couvre les États-Unis de ses populations incessamment accrues.

Décidément, les craintes de fusion sont puériles dans un tel pays; et décidément aussi, tout autre solution que la coexistence des races serait mauvaise. Sans doute il s'opérera quelque jour une concentration naturelle des nègres affranchis, ils afflueront dans ceux des États où leur nombre relatif leur assurera le plus d'influence. Peut-être même est-il permis d'entrevoir dès à présent l'heure où, par l'effet d'une compensation providentielle, les contrées qui ont été les témoins de leurs souffrances et qu'ils ont arrosées de leurs sueurs, ces contrées où mieux que d'autres ils peuvent se livrer au travail, leur appartiendront en grande partie. Le golfe du Mexique et les Antilles sont-ils destinés à devenir le refuge et presque l'empire des Africains arrachés à leur continent? Cela est possible, mais non certain. En tout cas, cette répartition géographique des races doit s'opérer pacifiquement; les mesures violentes qui auraient pour but de l'opérer soulèveraient à juste titre la conscience du genre humain. Tant qu'on parlera de transporter les noirs ou en Afrique, ou à Saint-Domingue, ou ailleurs, tant que la paisible coexistence des races ne sera pas acceptée, les procédés sauvages qui déshonorent l'Amérique ne discontinueront pas ; les États du Nord maltraiteront leurs nègres libres et les États du Sud s'attacheront à l'esclavage, comme on s'attache au moyen unique de prévenir des luttes d'extermination.

Au Nord aussi bien qu'au Sud, on a besoin de s'habituer enfin à l'idée de la coexistence. Oui, il y aura des blancs et des noirs libres dans les diverses parties de l'Union ; oui, il est certain que dans quelques parties la population noire exercera de l'influence ; il se peut même que, sur un ou deux points de l'extrême Sud, elle arrive à devenir maîtresse. Si cette hypothèse, peu probable selon moi, venait à se réaliser, ce serait non une cause d'abaissement, mais un motif de gloire pour l'Union. On dit que les grandes tribus indiennes du Sud-Ouest songent à former un État qui demandera son admission et qui a des chances de l'obtenir. Pourquoi n'y aurait-il pas, au besoin, un État nègre à côté d'un État indien? Cette réparation serait bien due à la race opprimée, et il serait honorable pour l'Amérique d'avoir mis ses répugnances sous ses pieds, d'avoir montré ainsi au monde entier que sa liberté si vantée n'est pas un vain mot.

Elle prouverait en même temps que sa foi chrétienne n'est pas un vain formalisme. Si le désir d'éviter la fusion a quelque chose de légitime, l'antipathie de race est tout simplement abominable. Il n'est pas de paroles assez sévères pour blâmer la conduite de *chrétiens* qui, poursuivant de leur indignation l'esclavage du Sud, refuseraient de remplir les plus simples devoirs de la bienveillance ou même de l'équité vulgaire envers les nègres libres du Nord.

Mais j'espère que l'Évangile, accoutumé à faire des miracles, fera encore celui-là. Déjà, soyons justes, on a vu les dames pieuses de Philadelphie prodiguer leurs soins aux noirs comme aux blancs, lors de l'invasion du choléra. Alors, dans l'hôpital qu'elles avaient fondé, elles lavaient et habillaient elles-mêmes chaque jour les enfants rendus orphelins par le fléau, sans tenir compte des différences de couleur. Ceci est un signe de progrès; et je pourrais en citer plusieurs autres, je pourrais nommer des villes, Chicago, par exemple, où les écoles sont ouvertes d'une manière officielle aux noirs aussi bien qu'aux blancs. Il y a une puissance aux États-Unis qui renversera l'obstacle du Nord en même temps que celui du Sud, qui abolira l'esclavage et le préjugé de l'épiderme.

Cette puissance a montré aux Antilles ce qu'elle sait faire. Là, ce sont les pasteurs et les missionnaires, ce sont les écoles, ce sont les œuvres de charité poursuivies en commun qui ont mis de niveau les noirs et les blancs, dévoués à la même cause et rachetés du même Sauveur. Aux États-Unis pareillement, la foi chrétienne relèvera les uns et apprendra aux autres à se baisser; elle détruira les vices du nègre et brisera l'orgueil détestable de l'Anglo-Saxon. L'influence réelle de la foi sur les uns et sur les autres, voilà la vraie solution, voilà le vrai lien des races. Ainsi s'établiront les relations de l'amour et du respect réciproques. Quelle mission est réservée aux Églises des États-Unis ! Arrêtées jusqu'ici par des difficultés énormes dont il serait injuste de ne pas tenir compte, elle n'ont pas pris à la lutte récente contre l'esclavage toute la part qui leur revenait de droit. Elles ont fait beaucoup, quoi qu'on en ait dit; elles se disposent à faire encore plus et leur attitude s'améliore visiblement depuis une année. Mais cela ne saurait suffire; il y a deux problèmes à résoudre, et non pas un seul : il s'agit de les aborder maintenant de front tous les deux. La véritable égalité se fonde sous le regard de Dieu, par la communauté des espérances et des repentirs, par l'association intime dans le culte, dans la prière, dans l'action ; et cette égalité n'a rien de commun avec les nivellements jaloux qui laissent subsister les anciens griefs et en inventent incessamment de nouveaux ; elle est paisible, oublieuse du mal, confiante, vraiment fraternelle. Je ne rêve pas, qu'on le croie bien, la conversion universelle des populations blanches et noires aux États-

Unis; je sais seulement que l'Évangile, quoiqu'il ne pénètre à fond que dans un certain nombre de cœurs, étend son influence beaucoup plus loin que ses conquêtes et agit sur ceux qu'il n'a pas gagnés. Que les chrétiens d'Amérique se mettent à l'œuvre, qu'ils rejettent, il en est temps, les scandales que présente encore çà et là leur apologétique de l'esclavage, qu'ils renoncent à ménager ce qui est coupable, à nommer le bien mal ou le mal bien, et ils rendront à leur patrie un service qu'eux seuls peuvent lui rendre et auquel rien ne saurait se comparer ici-bas.

Les États-Unis ne savent pas assez ce que sera la transformation de leur état intérieur et l'accroissement de leur bonne renommée au dehors, lorsque leurs églises, leurs écoles, leurs voitures publiques, leurs scrutins seront largement accessibles aux personnes de couleur, lorsque l'égalité et la liberté seront devenues des réalités sur leur sol; ils ne savent pas ce que sera alors leur paix et leur prospérité. Que les deux problèmes solidaires de l'esclavage et de la coexistence des races se résolvent chez eux sous l'influence dominante de l'Évangile, et ils verront naître un avenir bien meilleur que le passé. Plus de terreurs, plus de rivalités violentes, plus de déchirements en perspective; leurs conquêtes s'accompliront d'elles-mêmes, et, n'étant plus destinées à accroître le domaine de la servitude, elles seront applaudies par le monde entier.

Et tout cela ne sera pas acheté, comme on a l'air de le croire, par le sacrifice de la culture du coton. A l'heure qu'il est, cette culture ne court qu'un péril sérieux, le triomphe momentané du parti qui rêve une propagande de l'esclavage; elle ne sera sauvée que par les progrès de la liberté. Le jour où l'émancipation sera achevée, si elle s'opère par l'action des mobiles moraux et des nécessités sociales, non par celle des guerres civiles et des insurrections, la culture du coton prendra dans les États du Sud un développement magnifique. Les nègres affranchis font bien du sucre aux Antilles, pourquoi ne feraient-ils pas du coton sur la terre ferme? Si l'affranchissement a produit la destruction des cultures à Saint-Domingue, nous savons maintenant pourquoi. Les nègres qui ne doivent pas leur libération à la révolte demeurent, c'est un fait acquis, disposés à se livrer au travail des champs.

Avec l'esclavage, remarquez-le, disparaissent les uns après les autres les obstacles qui arrêtaient le progrès agricole. Les capitaux qui n'osent se risquer aujourd'hui dans les États du Sud y pénétreront à l'envi dès que l'esclavage y aura été aboli, je dis plus, dès que son abolition progressive ne sera plus douteuse aux yeux de personne. L'immigration européenne, dont le courant se détournait avec tant de circonspection, évitant un territoire maudit et réservé aux catastrophes, se précipitera vers ces contrées plus belles, plus fertiles, plus vastes que les solitudes du *far-West*. Les machines viendront combler, et au delà, le vide causé par la diminution passagère du nombre des travailleurs. Aux esclaves on ne peut confier que des instruments primitifs; chacun sait que la charrue, introduite originairement dans nos colonies françaises, en disparut pour faire place à la houe, lorsque Colbert eut autorisé la traite. Eh bien, les charrues y reparaissent depuis l'émancipation. Les progrès agronomiques et industriels y datent de la même époque : aujourd'hui, nos colons connaissent l'emploi des engrais, ils perfectionnent les procédés de fabrication. Une nouvelle ère s'ouvre enfin; que ne sera-t-elle pas aux États-Unis, chez ce peuple qui semble devoir devancer tous les autres dans l'application de la mécanique à l'agriculture!

Encore ai-je fait une concession trop forte en admettant la diminution du nombre des travailleurs. A supposer que quelques nègres quittent les champs, beaucoup de blancs viendront prendre leur place. Le travail des blancs est très-possible dans la plupart des États à esclaves, et les émigrants de l'Europe n'hésiteront pas à s'y adonner. Partout où règne l'esclavage, c'est à lui et non au climat qu'il faut s'en prendre si les blancs se croisent les bras; le travail y est devenu un acte servile, il est comme flétri dans son essence. Un écrivain compétent le disait l'autre jour : « Si l'Algérie avait été soumise au règne de l'esclavage, la culture y passerait pour impraticable aux Français, et les exemples de mortalité ne manqueraient pas. » Les blancs ont travaillé aux Antilles ; les blancs peuvent travailler, non-seulement dans tous les États à esclaves de la région moyenne, mais dans la Louisiane. Déjà il y a au Texas, grâce à ses colonies allemandes, du coton produit par le travail libre. Il ne s'agit que d'avancer dans cette voie. L'esclavage une fois aboli, les petits blancs, qui poussent à présent plus que d'autres à toutes les extravagances criminelles du Sud, seront obligés de faire œuvre de leurs dix doigts. Cela vaudra mieux pour le pays et pour eux-mêmes. Qui n'appellerait de ses vœux le moment où une partie aussi considérable de la population cessera de posséder des esclaves qu'elle est incapable de nourrir, où elle se transformera en classe moyenne et échappera ainsi à la servitude réelle qui l'aigrit?

Ne l'oublions pas, au reste, de nouvelles cultures, celle de la vigne entre autres, tendent à s'introduire ou à se développer dans ces magnifiques contrées, auxquelles rien ne manque, si ce n'est la liberté. L'industrie aussi s'y fait sa place ; indépendamment des travailleurs de terre proprement dits, les États du Sud auront besoin de trouver des ouvriers d'usines, des conducteurs de machines agricoles ; les grandes terres s'y diviseront souvent, ainsi que cela est arrivé dans les Antilles, et on verra apparaître la petite propriété, cette base essentielle de l'ordre social. Il y aura donc de l'emploi pour tout le monde, et les riches productions méridionales seront moins abandonnées que jamais.

Quiconque a descendu l'Ohio a comparé involontairement ses deux rives : ici l'État d'Ohio dont la prospérité marche à pas de géant, là l'État de Kentucky, non moins favorisé de la nature et qui languit comme abandonné. Pourquoi? Parce que l'esclavage stérilise tout ce qu'il touche : les blancs du Kentucky et de la Virginie ne pourraient-ils pas travailler aussi bien que ceux de l'Ohio? La pauvreté relative de ces États à esclaves me rappelle ce qu'était le dénûment de nos colons et de ceux de l'Angleterre avant l'émancipation : des propriétés hypothéquées, des plantations grevées de charges, la ruine complète du crédit, telle était la situation. Il faut lire la statistique américaine, pour se faire une idée de l'étendue vraiment inouïe de ce fait, l'appauvrissement par l'esclavage. Sur une étendue plus considérable et avec des terrains beaucoup plus riches, les États à esclaves ne possèdent ni une production agricole, ni une production industrielle, ni un mouvement de population, qui puissent se comparer de près ou de loin à ce qu'on rencontre dans les États libres. Un livre de M. Hinton Rowan Helper, *Impending crisis of the South*, exprime ces différences en chiffres tellement significatifs, qu'il n'y a plus moyen de contester.

Les États du Sud sont donc certains de régénérer leurs cultures et de fonder leur prospérité durable, en entrant dans la voie qui conduit à l'affranchissement. Mais, s'ils s'engagent dans une voie contraire, ils courront à leur ruine, et avec une singulière rapidité. Déjà leurs actes violents de rupture et les plans monstrueux qui s'y rattachent forcément ont eu pour premier effet, facile à prévoir, de porter au coton américain le coup le plus dangereux. En quelques semaines ils se sont déjà fait plus de mal que le Nord, à le supposer aussi hostile qu'il l'est peu, n'aurait pu leur en faire en vingt années. Le meeting de Manchester a répondu aux manifestes de Charleston ; l'Angleterre s'est dit qu'avec des gens si décidés à se perdre, on ne devait compter sur rien ; et elle a pris son parti, et elle ira vite, que les États du Sud y prennent garde. L'Inde anglaise peut produire autant de coton que l'Amérique ; avant peu, si les Caroliniens s'obstinent, ils auront obtenu ce beau résultat de dépouiller leur pays de son industrie principale, ils auront tué la poule aux œufs d'or. L'affaire est sérieuse ; je les engage à y penser. Comme l'Angleterre, sous peine de tomber dans la misère et dans les émeutes, ne peut pas se passer un seul jour du coton, elle agira énergiquement. Le coton vient à merveille dans bien des contrées aux Antilles où on en fait déjà, en Algérie où les plantations vont s'accroître, dans tout le continent de l'Afrique enfin où il entre peut-être dans les plans de Dieu de battre ainsi en brèche l'esclavage indigène par suite des fautes commises en Amérique par les propriétaires d'esclaves

CHAPITRE X

LA CRISE ACTUELLE RELÈVERA LES INSTITUTIONS DES ÉTATS-UNIS.

CHAPITRE X

LA CRISE ACTUELLE RELÈVERA LES INSTITUTIONS DES ÉTATS-UNIS.

Il me reste à rechercher en quoi la crise actuelle peut exercer son influence sur les institutions politiques des États-Unis. C'était aux dépens de ces institutions que les États à esclaves, inférieurs en force, en nombre, en progrès de tout genre, rétablissaient leur fatale et croissante prépondérance. Donc, ici encore, ma thèse subsiste : les victoires du Sud avaient tout compromis, la résistance du Nord va tout sauver;

l'élection de M. Lincoln est le commencement d'une crise douloureuse mais salutaire, c'est le premier effort d'un grand peuple qui se relève.

Le parti de l'esclavage avait introduit au sein de la démocratie américaine une cause permanente d'abaissement et de corruption. Sous ce rapport aussi, il conduisait la Confédération à sa mort par la voie la plus directe et la plus prompte. Je tiens à montrer comment il développait les mauvais côtés du régime démocratique. J'espère être impartial envers ce régime ; quoique persuadé que le gouvernement dont l'Angleterre nous offre le modèle est plus propre à garantir les libertés publiques et à seconder en tout les véritables progrès, je ne suis pas de ceux qui placent la forme au-dessus du fond et qui condamnent sans appel la démocratie. Sommes-nous destinés à passer un jour par ses mains? Avons-nous déjà commencé à glisser sur la pente qui conduit jusqu'à elle? C'est possible. En tous cas, il serait injuste de haïr à cause d'elle l'Amérique, ainsi qu'on le fait trop souvent. L'Amérique n'a pas eu le choix : en vertu de son origine et de son histoire, elle ne pouvait être qu'une démocratie. Qu'elle en ait les défauts, la rudesse peu aimable, les procédés violents, les passions niveleuses, je ne saurais guère m'en étonner. Je me demande plutôt si elle a su trouver un point d'appui contre les entraînements d'un tel système, si elle a prévenu l'asservissement des individus par la masse, l'absorption des consciences par l'État, la substitution de la souveraineté du but à la souveraineté du peuple. Ce sont là les écueils de la démocratie; les a-t-elle évités aux États-Unis? A-t-elle su ne se transformer ni en tyrannie ni en socialisme?

Nous allons voir que, si elle n'a pas succombé à la tentation, ce n'est pas la faute du parti de l'esclavage. Grâce à lui, la corruption des institutions démocratiques s'avançait rapidement; un seul adversaire, toujours le même, a combattu les progrès de ce travail destructeur. Nous rencontrons de nouveau sur le terrain des institutions politiques l'antagonisme fondamental de l'Évangile et de l'esclavage.

Il est rare, dirai-je d'abord, que les noms soient tout à fait fortuits et ne correspondent pas aux choses. On s'est étonné souvent que le parti de l'esclavage eût pris le nom de parti démocratique! Rien n'était plus naturel cependant. Comment l'esclavage pouvait-il être défendu, sinon en exagérant la démocratie? Il fallait, pour soutenir une telle cause, nier les notions de droit, de vérité et de justice; il fallait que le grand nombre devînt le droit, la justice et la vérité.

Il fallait même quelque chose de plus. La *souveraineté du but* devait passer, au besoin, avant la souveraineté même du nombre. Une cause comme celle de l'esclavage ne se défend au sein d'une nation démocratique qu'en lui enseignant le mépris des scrupules et la ruine de la conscience. — Tout est permis, tout est bon, pourvu que nous parvenions à nos fins! Voilà la règle qu'elle tend à faire prévaloir dans les luttes politiques. Une seule question, ne voyant qu'elle, décidée à ne rien ménager, s'offrant aux partis quels qu'ils soient qui cherchent un appoint, préparant des majorités factices au profit des mauvaises ambitions, ne tenant compte ni de l'honneur, ni de la patrie, et allant à son but au travers de tout, cela suffit pour vicier profondément les institutions et les mœurs. La souveraineté de l'idée, qui a mis la main sur la souveraineté du peuple, est en mesure d'aller bien loin et de descendre bien bas. Alors les maximes morales et les lois écrites sont foulées aux pieds, alors s'engage une lutte sans pitié ni respect, une lutte de vie et de mort. Les passions sociales acquièrent aisément un degré de perversité que n'ont pas les passions politiques; les premières sont sans conscience et sans entrailles; il faut qu'elles se satisfassent, coûte que coûte; le triomphe est à leurs yeux une absolue, une inexorable nécessité. Plutôt que de ne pas vaincre, elles déchireront la patrie.

Ce que devient, sous une pression pareille, le jeu régulier des institutions, chacun le devine. Depuis quelques années, à mesure que grandissaient les prétentions du parti de l'esclavage, on voyait comme à l'œil les mœurs publiques se gâter aux États-Unis. L'indifférence aux moyens faisait des progrès alarmants et dont se ressentaient même les habitudes du commerce, les relations de la vie privée. On en venait à exalter l'esprit d'entreprise jusque dans ses actes les moins honnêtes; le respect des banqueroutes semblait presque se propager. Il est vrai que des hommes tels que M. Jefferson Davis, le président actuel du Sud révolté, ne craignaient pas de recommander la répudiation des dettes! A l'école de l'esclavage, une façon d'agir dégagée et peu scrupuleuse donnait son empreinte aux allures générales de la nation. On marchait vite, on était en train d'en finir avec les libertés de l'Amérique; il était temps que la réaction des sentiments libéraux et honnêtes se fît sentir. L'élection de 1860 a marqué le point d'arrêt.

J'admire qu'on ait pu s'arrêter; un tel fait réclame son explication, car d'ordinaire les pentes de l'abaissement démocratique ne se remontent pas. La tendance naturelle étant alors de nier le droit de la minorité (le plus précieux de tous), de mettre l'homme tout entier dans le suffrage, de faire main basse sur la portion réservée de sa vie et de faire entrer jusqu'à sa conscience dans le contrat social, il en résulte qu'on se donne des gouvernements pour lesquels la question de limite s'efface devant la question d'origine. En face d'un tel pouvoir, rien ne reste debout; plus de droits, plus de principes, plus aucun de ces blocs solides et résistants qui font obstacle au courant populaire; la compétence de l'État devient indéfinie.

Et combien cette tendance est plus irrésistible à la fois et plus perverse, quand une cause profonde de corruption, telle que l'esclavage, ajoute son action aux forces de certaines démocraties! Ce n'est plus seulement, en pareil cas, la majorité souveraine vis-à-vis de laquelle le droit est exposé à fléchir, c'est un parti décidé à parvenir à ses fins, qui pénètre avec effraction dans ce domaine de la conscience où les lois humaines ne doivent pas entrer, un parti qui se met à régler tantôt la croyance, tantôt la pensée, tantôt la parole. Telle a été l'influence exercée par l'institution de l'esclavage aux États-Unis; elle a défendu aux écrivains d'écrire, aux pasteurs de prêcher, et presque aux individus de penser ce qui lui déplaît; elle a inventé le droit de séparation, afin de disposer d'un moyen d'intimidation redoutable et de mettre une menace derrière chacune de ses exigences. Céder, descendre, descendre toujours, obéir à un mouvement d'abaissement démocratique continu, voilà la marche qu'elle a imprimée à la Confédération tout entière.

Cependant on a résisté. Je dirai pourquoi ; je montrerai en vertu de quelle force merveilleuse les Américains ont échappé à l'aplatissement absolu que semblait devoir produire une démocratie compliquée d'esclavage. Mais je voudrais auparavant achever de peindre les effets naturels d'un pareil régime.

Supposons un moment une nation (il n'en manque pas de telles) modelée d'après l'antique. Le principe païen y règne en maître ; l'État y absorbe tout ; les âmes y sont enrégimentées et administrées ; un pouvoir centralisé, providence visible, s'y substitue à l'action des individus ; les croyances y ont essentiellement la forme héréditaire et nationale ; on y croit ce que tout le monde croit, on y fait ce que tout le monde fait, on y a les opinions qui sont dans la tradition ancienne du pays; la vérité n'y est plus une conviction personnelle, acquise au prix de luttes sérieuses et qui vaut beaucoup parce qu'elle a beaucoup coûté, elle descend au rang des usages auxquels il est convenable de s'associer, elle a sa place marquée parmi les obligations sociales et fait partie des devoirs du citoyen.

Qu'au sein d'une nation semblable la démocratie vienne à établir son empire, et vous verrez avec quelle promptitude disparaîtra tout ce qui pourrait ressembler à l'indépendance individuelle. Plus le nivellement s'opère, plus la société paraît grande et les individus petits, plus aussi s'efface, en présence des priviléges de l'ensemble, l'idée même des droits personnels. La majorité est tenue pour infaillible et le petit nombre semble criminel s'il se permet de ne pas soumettre sa pensée (oui, sa pensée elle-même) à celle du grand nombre. Dans cette foule innombrable d'êtres pareils, nul n'est autorisé à posséder quelque chose en propre ; de toutes les aristocraties, celle de la conscience paraît alors la moins supportable. On croit à la majorité, on croit à la masse, on croit à la nation. Nous ne nous figurons pas ce qu'est le despotisme intellectuel d'une démocratie qui ne rencontre pas sur sa route l'obstacle des convictions personnelles : elle dispose de l'âme humaine, elle crée une confiance illimitée dans le jugement de l'opinion, elle tient école de courtisans du peuple et enseigne à chacun l'art de régler sa montre sur l'horloge de la place publique.

Intelligence, conscience, convictions, tout fléchit, et ce qui ne fléchit pas est brisé. Cela arrive surtout, redisons-le sans nous lasser, lorsqu'une cause détestable comme celle de l'esclavage vient fausser le jeu des institutions démocratiques. Alors les tyrannies de la majorité n'ont plus de bornes; les majorités elles-mêmes se forment au moyen d'ignobles contrats et d'alliances monstrueuses. Au milieu des passions subalternes qui sont déchaînées, au travers des partis enrégimentés, des mandats impératifs, des organisations factices qui ne laissent plus la moindre issue à l'essor de la moindre volonté indépendante, les perversités de la démocratie corrompue et dévoyée se donnent pleine carrière.

En écrivant ces paroles ai-je décrit la démocratie américaine? Oui et non. Oui, car telles sont bien les tentations auxquelles l'Amérique a été exposée, tels sont bien les vices qu'on a pu souvent lui reprocher; non, car un principe de résistance s'est toujours révélé dans les plus mauvais moments, quelque chose d'incompressible est demeuré. En vain le lourd rouleau a passé et repassé sur cette terre, il a toujours rencontré des blocs de granit qui ne se rompaient pas. C'est là le point que j'avais à cœur de signaler en terminant cette étude, sachant qu'il n'en est pas de plus essentiel, et que quiconque n'y a pas été attentif ne saurait comprendre les États-Unis. Le fait extraordinaire, bien plus extraordinaire qu'on ne le croit, que sous le régime de la démocratie exploitée par l'esclavage on a su s'arrêter et rebrousser chemin, ne s'explique que par la forme particulière que la croyance religieuse a revêtue aux États-Unis. Nous n'avons pas sous nos yeux une nation latine, une nation vêtue à la romaine ou à la grecque, une nation ayant, selon la mode antique, sa religion et ses usages généralement, paresseusement admis. Cette république du nouveau monde n'est pas du tout une des républiques à esclaves du monde ancien, au sein desquelles les citoyens se délectaient à causer des affaires publiques, mais au sein desquelles personne n'avait le mauvais goût de se poser des questions de conscience à l'égard des croyances publiques. La vie païenne, avec son culte obligatoire, son éducation commune, sa suppression de la famille et de l'individu au profit de l'État, son existence transportée au Forum, la vie païenne où le citoyen absorbe l'individu et où l'uniformité calme et sereine des siècles indifférents achève de donner à chacun la physionomie nationale, ne ressemble en rien à la vie morale et sociale des États-Unis.

Chez eux, on ne rencontre plus la moindre trace de ce système qui veut faire des nations et qui oublie de faire des hommes. Ils sont nés, on peut le dire, d'une protestation de la conscience humaine. Noble origine et qui explique bien des choses ! C'est, en effet, la revendication de l'indépendance religieuse contre l'uniformité obligatoire et l'Église établie qui les a créés il y a deux cents ans. Je n'ai pas à examiner ici, bien entendu, la vérité intrinsèque des croyances puritaines ; je me contente d'affirmer qu'elles abordaient en Amérique au nom de la liberté et qu'elles y devaient fonder la liberté, qu'elles y devaient bâtir le vrai rempart contre les tyrannies démocratiques.

Dès le premier jour, on retirait à l'État la direction de l'homme intellectuel et moral. Malgré ce mélange inévitable d'inconséquences et d'hésitations qui marque nos débuts en toutes choses, les colonies puritaines, qui devaient être un jour les États-Unis, s'acheminaient dans la route qui conduit à la liberté de la croyance, de la pensée, de la parole, de la presse, de l'association, de l'enseignement. Les droits les plus considérables, les plus importants, étaient soustraits d'emblée au domaine des délibérations démocratiques; des limites infranchissables étaient posées à la souveraineté du nombre; le droit des minorités, celui de l'individu, le droit de rester seul contre tous, le droit d'être de son propre avis, était mis à part. Il y a plus, on ne devait pas tarder à rompre entièrement les liens entre l'Église et l'État, de manière à enlever ses derniers prétextes à l'administration officielle des croyances; le *self government* était fondé, c'est-à-dire la négation la plus formelle de l'asservissement par la démocratie. Tandis que celle-ci pousse au maximum de gouvernement, l'individualisme américain poussait au minimum de gouvernement, cette formule par excellence du libéralisme. Et il n'y poussait pas, comme au moyen âge, par l'anarchie, par l'absence des liens nationaux et en dépouillant d'ailleurs l'individu de ses droits de conscience et de pensée, plus confisqués alors au profit d'une Église souveraine qu'ils ne l'ont été plus tard au profit de l'État ; non, l'individualisme américain avait d'autres procédés : s'il resserrait avec une salutaire énergie la compétence des gouvernements, c'était pour élargir d'autant celle de l'âme humaine.

Grande conquête que celle-là ; tout l'avenir du monde moderne y est contenu. Destinés comme nous le sommes à subir, dans une certaine mesure du moins, l'action de la démocratie, la question de savoir si nous serons esclaves ou si nous serons libres se résout en celle-ci : Aurons-nous, à l'exemple de l'Amérique, notre for réservé, notre domaine entièrement clos et où la puissance publique n'ait rien à voir? Y aura-t-il chez nous des choses (les plus importantes de toutes) qu'on ne mettra pas aux voix? Notre démocratie aura-t-elle ses frontières, et par delà ces frontières verra-t-on s'étendre un vaste pays, celui de la croyance libre, du culte libre, de la pensée libre, de la famille libre?

C'est parce que la démocratie américaine a des frontières, que ses pires excès ont fini par trouver un châtiment. Elle n'est pas seule installée aux États-Unis; vis-à-vis d'elle une autre puissance, qui ne la craint pas, est occupée à lui résister. L'histoire entière de l'Amérique est expliquée par ce double fait; les chutes et les relèvements, les servitudes et les libertés, les trop longs triomphes du parti de l'esclavage et la récente victoire de M. Lincoln, les périls de mort qu'on courait naguère et le noble avenir qui s'offre aujourd'hui.

L'individualisme n'est pas l'isolement, les convictions individuelles ne sont pas des convictions sectaires ; elles fondent, au contraire, la plus puissante des unités, l'unité morale. Ce qui dissout le plus activement les sociétés, tout en ayant l'air de les unir, c'est l'uniformité des dogmes nationaux qui, acceptés comme un héritage, demeurent sans action sur les cœurs. Quels sont, en effet, les grands liens ici-bas, sinon le devoir et l'affection? Or, il n'y a que les convictions personnelles, sérieusement acquises, gagnées à la sueur de notre visage, qui puissent détruire en nous l'égoïsme. Sans ce fort ciment des convictions à la fois individuelles et communes, vous ne bâtirez jamais rien qui dure. Les États-Unis ont dans leur sein des convictions fortes, qui sont aussi des convictions communes; au travers des diversités extérieures, nous l'avons vu, la conformité fondamentale est réelle, et tout appel sérieux aux vérités chrétiennes remue d'un bout à l'autre ce pays si morcelé en apparence. La vie nationale y est une réalité. Je ne pense pas que le socialisme, qui nous dispense de croire nous-mêmes, qui met notre âme en régie et nous préserve, dit-on, des fractionnements funestes que l'individualisme enfanterait, réussisse aussi bien que lui à ruiner l'égoïsme et à mettre en lumière les idées de dévouement et de devoir. Quand la démocratie devient socialiste (et elle n'a jamais pu le devenir aux États-Unis), elle broie et amenuise si bien les âmes, qu'il ne reste plus qu'une fine poussière, une sorte de poudre intellectuelle et morale, qui, il est vrai, ne fait obstacle à rien, mais qui ne fonde rien non plus. Pour construire un édifice, il faut des rochers, le sable ne suffit pas.

L'individualisme chrétien fait des rochers, et le parti démocratique vient de s'en apercevoir. Dans un pays où l'indépendance de l'âme a acclimaté l'indépendance sous toutes ses formes, on peut bien courber parfois la tête sous le joug de la démocratie alliée à l'esclavage, mais cet avilissement a un terme et l'heure vient où l'on voit les fronts se redresser. Les fortes croyances sont un fort rempart, les esclaves de la vérité sont des hommes libres et la véritable indépendance commence dans le cœur. Avoir des convictions pour avoir des caractères, avoir des croyants pour avoir des citoyens, avoir des âmes énergiques pour avoir des nations puissantes, avoir des résistances pour avoir des appuis, tel est le programme de l'individualsme. Montrez-moi une contrée où l'on soit assez fier pour ne pas s'incliner devant le grand nombre, où l'on ne se croie pas perdu quand on sort de l'ornière et quand on heurte les opinions reçues, j'admettrai que là il sera possible de pratiquer la démocratie sans tomber dans l'asservissement.

Il n'y avait qu'un pays à foi individuelle qui pût tenter l'alliance, jusqu'ici jugée impossible, de la démocratie et de la liberté. On admet à titre d'axiome la théorie d'après laquelle les libertés publiques de l'Angleterre auraient pour base essentielle l'aristocratie; sans dédaigner cet élément d'organisation sociale, il convient de creuser plus profondément que cela pour découvrir les fondements véritables de la liberté. La foi individuelle, voilà le fondement. Plus on réfléchit, plus on découvre que la chose essentielle, ce ne sont pas les formes de gouvernement ou même les relations des diverses classes, c'est l'état moral de la société. Y a-t-il là des hommes? Les âmes ont-elles pris possession d'elles-mêmes? Les caractères sont-ils formés? La force de résistance a-t-elle apparu? Quiconque aura répondu à ces questions aura décidé, qu'il le sache ou non, si la liberté est possible.

Je ne sache pas qu'aucun peuple soit exclu de la liberté; seulement, tous sont tenus de la poursuivre par la voie qui y mène, par le sérieux des convictions, par l'affranchissement intérieur, autant vaut dire par l'Évangile. On aura beau chercher, on ne trouvera pas un moyen comparable à celui-là (je parle au point de vue purement politique), lorsqu'il s'agit de faire des citoyens. Se placer sous l'autorité absolue de Dieu et de sa parole, c'est acquérir vis-à-vis des hommes, des partis, des majorités, des opinions générales, une indépendance que rien ne peut suppléer. L'indépendance du dedans se traduit toujours au dehors; celui qui est indépendant des hommes dans le domaine des croyances et des pensées le sera pareillement dans le domaine des affaires publiques. Ainsi la démocratie elle-même ne dégénérera pas en socialisme. Personne n'a pu signaler le moindre symptôme de socialisme aux États-Unis. Cependant la démocratie y est bien complète et la nomination de M. Lincoln, ancien berger, ancien batelier, ancien poseur de rails et ancien commis, de M. Lincoln, fils de ses œuvres, qui est parvenu par ses propres forces à devenir un homme instruit et un orateur, cette nomination prouve certes que l'égalité américaine n'est pas menacée par les succès du parti républicain. Ils ne menacent que la mauvaise démocratie, qui, sous la conduite du parti de l'esclavage, voudrait pousser la nation dans les voies du socialisme. Mais elle n'y parviendra pas, la question vient d'être jugée. Entre ces deux systèmes qui vont se disputer les sociétés contemporaines, entre le socialisme et l'individualisme, le choix des États-Unis est fait.

Avant d'assister à l'affranchissement des esclaves, nous assistons donc à l'affranchissement de la politique américaine. Elle subissait un joug honteux et recevait de tristes leçons. Depuis que Jefferson, l'ennemi-né du vrai libéralisme, avait fondé le parti démocratique, les États-Unis n'avaient cessé de glisser sur la pente radicale; une œuvre de nivellement impitoyable s'était poursuivie dès lors, et le domaine de la conscience avait été graduellement envahi. Le parti démocratique avait trouvé son point d'appui dans le Sud. Les États à esclaves avaient forcé l'enceinte du for réservé et confisqué au profit de l'État les droits inviolables de l'individu : ni la pensée, ni la presse, ni la prédication n'étaient libres chez eux ; les maximes fondamentales de la tradition puritaine étaient sacrifiées par eux les unes après les autres. Ils avaient fait plus ; grâce à eux, on commençait à apprendre dans les États libres de quelle façon on doit s'y prendre pour fausser sa propre conscience et lui substituer le respect des majorités souveraines. Chaque jour, des iniquités criantes étaient couvertes par ce prétexte : « Si nous étions justes, nous compromettrions l'unité nationale ou nous risquerions de perdre les suffrages assurés à notre parti. » La violence, la menace, la brutalité, la corruption s'introduisaient effrontément dans les luttes politiques. On s'habituait au mal ; les crimes les plus odieux, les lois méridionales réduisant de plein droit en esclavage tout nègre libre qui ne quitterait pas le sol des États, soulevaient à peine un murmure de désapprobation ; les États-Unis semblaient être sur le point de perdre cette faculté, à laquelle rien ne survit plus, la faculté de s'indigner.

Voilà à quelle école le parti démocratique avait mis le peuple américain, ce noble peuple qui, malgré les torts graves qu'on peut lui reprocher, représente à tout prendre plusieurs des principes élevés auxquels se rattache l'avenir des sociétés modernes. Le règne du parti démocratique formerait le sujet d'une honteuse histoire ; on y verrait figurer les glorifications de la servitude, la piraterie appliquée au droit international, et, pour terminer, ces faits de corruption et de dilapidation qui servent de couronnement à sa dernière présidence. Ils sont les champions les plus conséquents des doctrines et des pratiques du parti démocratique, ces hommes qui viennent de déclarer que les votes ne sont valables qu'à la condition de donner la majorité à l'esclavage et qu'une élection régulière est une cause suffisa de séparation.

CONCLUSION

Je n'ai pas voulu raconter des événements; j'ai voulu essayer une étude qui a, je le crois, son utilité pour nous-mêmes et qui peut aussi ne pas être inutile aux États-Unis. Nous leur devons l'appui de notre sympathie. Il importe, plus qu'on ne l'imagine, de leur faire entendre à cette heure suprême des paroles d'encouragement. Ne nous hâtons pas de déclarer que l'Union est perdue, qu'il y a désormais et pour toujours deux Confédérations placées sur le même pied dans le monde, que les États-Unis de l'esclavage vont avoir leur grand rôle à remplir ici-bas comme les États-Unis de la liberté. Ce serait, en tous cas, une immense exagération. N'oublions pas que souvent déjà l'Union a semblé perdue, que souvent déjà la Confédération a semblé près de périr. Les hommes qui s'épouvantent des périls actuels ignorent donc ceux qui ont entouré le berceau des États-Unis, les troupes mutinées, les ambitions aux prises, les menaces de séparation, l'anarchie, la ruine. C'est cette même Amérique, si faible alors, qui est devenue si forte, en dépit de ses propres fautes. Au moment où elle s'insurgeait contre l'Angleterre, elle n'avait ni industrie, ni commerce, ni marine; ses deux ou trois millions d'habitants étaient fort loin de s'accorder entre eux. Et cependant, telle est la vigueur de son génie, telle est en tout genre son insouciance du danger, telle est l'impétuosité avec laquelle elle affronte et surmonte les obstacles, telle est la puissance de son cri national : *Go a head !* (en avant !), qu'au travers des luttes intérieures, des crises, des défaillances momentanées, elle atteint la taille d'un grand peuple. Comptez les bateaux à vapeur de ses fleuves, évaluez le tonnage de ses vaisseaux, cherchez le chiffre de son commerce intérieur, mesurez la longueur de ses canaux et de ses chemins de fer, vous n'aurez encore qu'une faible idée de ce qu'elle est capable d'entreprendre et d'accomplir.

Il faut se souvenir de ces choses et ne pas imiter ces ennemis de l'Amérique qui tantôt se hâtent de prendre son deuil, tantôt se permettent de railler sa détresse et trouvent dans la situation actuelle des *Etats-Désunis* (c'est ainsi qu'ils les nomment) un agréable sujet de plaisanterie, oubliant que cette désunion a une cause bien sérieuse et qui suffit certes à la faire comprendre, oubliant aussi qu'il y a là de généreuses luttes pour l'humanité et pour la patrie dignes d'obtenir tous nos respects. — Et gardons-nous de dire que cette crise ne nous regarde pas, que nous n'y pouvons rien. L'isolement égoïste des peuples n'est plus possible désormais. Ce qui se décide là-bas, ce sont nos propres affaires, non-seulement parce que nous avons une partie de nos fortunes engagées aux États-Unis, mais surtout parce que nos principes et nos libertés y sont en cause. Les victoires de la justice, où qu'elles se gagnent, sont les victoires du genre humain.

Nous pouvons, dans une certaine mesure, aider à celle-ci. L'Amérique, qui affecte parfois de se dire indifférente à nos jugements, les recueille cependant avec un soin jaloux. J'ai vu de respectables Américains rougir à la rencontre de ce blâme instinctif qui, chez nous, s'adresse aux progrès de l'esclavage; ils souffraient de voir leur pays ainsi déchu de l'estime dont il jouissait jadis. Les nations fières comme celle-là se vengent toujours par de nobles élans de la réprobation qu'elles sentent avoir méritée. L'intervention morale de l'Europe n'est donc pas superflue; elle l'est d'autant moins, que le Sud nous fait l'injure de compter sur nous. Les meneurs de Charleston et de la Nouvelle-Orléans affectent de dire que l'Angleterre est prête à leur tendre les bras et que la France promet l'accueil le plus sympathique à leurs envoyés! Ces envoyés eux-mêmes sont choisis avec soin, honorables, ayant des amis chez nous, capables en un mot de présenter la cause de l'esclavage sous un aspect presque séduisant. Il importe donc d'élever la voix.

Que les gouvernements soient réservés, qu'ils évitent tout ce qui ressemblerait à une action directe exercée sur les affaires intérieures des États-Unis, qu'ils recourent aux banalités du langage employé par la diplomatie pour éviter d'engager leur politique, à la bonne heure! Mais s'imaginer que ces banalités promettent alliance ou protection, en vérité, c'est y mettre de la bonne volonté. Une révolte abritée sous le drapeau de l'esclavage aura de la peine, soyez-en sûrs, à se faire des partisans parmi nous Français, quelle que soit d'ailleurs notre paresseuse indifférence en pareille matière, indifférence telle, qu'à l'heure qu'il est la question d'Amérique *n'existe pas* pour la plupart d'entre nous. Au reste, nous secouerons cette inertie, et, quant aux Anglais, ils ne souffriront pas que leur meilleur titre de gloire dans les temps modernes soit terni par je ne sais quelle complicité latente avec les États du golfe. Les brutales doctrines de l'intérêt, si souvent professées par M. Bright en plein Parlement, pourront bien trouver encore des organes; on conseillera à la Grande-Bretagne de penser au coton et d'oublier la justice. Déjà la démarche faite par elle à Washington et que la France paraît avoir appuyée, démarche ayant pour but de déclarer que le blocus des ports du Sud ne sera reconnu qu'autant qu'il serait réel, est peut-être une concession arrachée par cette école détestable de l'égoïsme. Heureusement il y a une autre école en face de celle-là; le sentiment chrétien, le sentiment abolitioniste va se lever et se faire obéir. Jamais œuvre plus importante ne lui fut réservée. Dévoiler tout acte suspect du gouvernement britannique, tenir l'opinion publique en éveil, entretenir enfin cette noble agitation morale qui fait le succès des bonnes causes et le salut des peuples libres, voilà la mission à laquelle sont conviés en Angleterre les défenseurs de l'humanité et de l'Évangile. S'ils pouvaient ne pas s'en souvenir, la populace de Savannah ou de Mobile poursuivant les consuls anglais se chargerait de leur rappeler à quel principe est inévitablement lié, pour son honneur, le nom de la Grande-Bretagne. La France et l'Angleterre, j'en ai la confiance, marcheront ensemble, ici comme ailleurs; leur alliance, qui renferme en elle les germes de tout vrai progrès, se trouvera aussi utile et aussi féconde dans le nouveau monde qu'elle l'a été dans l'ancien.

Ceci est d'une importance telle, que je demande la permission d'insister. Évidemment notre influence ne s'est pas exercée encore comme il eût été désirable qu'elle s'exerçât, et si M. Lincoln fléchit un peu maintenant sous des conseils dépourvus d'énergie ou de dignité, cela tient en partie à notre réserve, à notre silence, à notre apparente neutralité, qui sait même? au langage peu encourageant qu'on a tenu parfois en notre nom. La publication du malencontreux tarif Morill (que M. Buchanan a signé, soit dit en passant, et dont M. Lincoln, j'en suis convaincu, signera un jour la révocation) a donné le signal de démonstrations politiques qui ne sont pas toutes, bien s'en faut, à l'honneur de l'Europe. Notre *Moniteur* a publié de regrettables articles; mais c'est surtout chez les Anglais que le parti du coton s'est donné carrière.

Que l'Angleterre y prenne garde, il vaudrait

mieux pour elle perdre Malte, Corfou et Gibraltar, que de perdre la position glorieuse que sa lutte contre l'esclavage et la traite lui a assurée dans l'estime des peuples. Même dans notre siècle de frégates cuirassées et de canons rayés, la première des forces est, grâce à Dieu, la force morale. Malheur à la nation qui la laisserait échapper et qui consentirait à immoler ses principes à ses intérêts! Dès l'origine du conflit actuel, les ennemis de l'Angleterre, et ils sont en nombre, ont prédit que la cause du coton pèserait plus dans ses balances que la cause de la justice et de la liberté. On s'apprête à la juger sur sa conduite dans la crise américaine. Encore un coup, qu'elle y prenne garde.

Et sous quels prétextes marchanderait-on au gouvernement de M. Lincoln ces sympathies énergiques, persévérantes, sur lesquelles il a droit de compter? — Examinons.

On a parlé d'abord de la vigueur du Sud et de la faiblesse du Nord. — Ce ne serait pas la première fois que la mauvaise cause se serait montrée plus ardente, plus hardie, moins préoccupée des conséquences que ne l'est la bonne. Les bonnes causes ont des scrupules, et tout scrupule est un embarras.

Plus que personne assurément, je souffre de voir M. Lincoln frappé d'une sorte de paralysie. Les dangers de la mollesse sont considérables, à mon sens; je crois qu'elle décourage les amis et qu'elle encourage les adversaires; je crois qu'elle sanctionne plus ou moins le funeste et faux principe de séparation, un principe contagieux s'il en fut; je crois enfin qu'en ajournant peut-être la guerre civile, elle risque d'en accroître la gravité. Et toutefois, ne tiendrons-nous pas compte à M. Lincoln des difficultés exceptionnelles qui l'entourent?

L'administration précédente a pris soin de ne laisser aucune ressource entre ses mains : il a trouvé les forts ou livrés ou impossibles à défendre, les arsenaux envahis par le Sud, les troupes dispersées, les vaisseaux envoyés aux extrémités de l'Océan. Est-il bien étrange qu'il ait fini par céder jusqu'à un certain point aux instances de tant de gens habiles, qui, tous, le poussent dans le même sens? Si demain il cédait entièrement, s'il reconnaissait la Confédération du Sud, faudrait-il s'en étonner beaucoup?

N'oublions pas d'ailleurs que les États limitrophes sont là, devant lui, formant comme un rempart qui protége l'extrême Sud. Plusieurs de ces États, j'en suis convaincu, inclinent franchement vers le Nord et lui demeureront unis; mais n'en est-il pas d'autres, la Virginie par exemple, qui n'évitent peut-être de se séparer que pour mieux protéger ceux qui se séparent, et dont le rôle actuel consiste à empêcher toute répression, en attendant que leur rôle futur consiste à entraver tout progrès par la menace incessante de se joindre à la Confédération méridionale?

Voilà des obstacles sérieux, et je n'ai pas signalé le plus sérieux de tous, la répugnance très-vive et très-sincère qu'inspirent à un grand nombre d'habitants du Nord, adversaires déclarés de l'esclavage, les mesures qui pourraient provoquer l'insurrection des noirs et mettre en péril les planteurs. La patience du fort me paraît ici un peu plus édifiante, je l'avoue, que les audaces si vantées du faible, qui compte précisément sur cette patience et sait qu'il peut être arrogant sans grand péril.

Le second prétexte qu'on a osé mettre en avant pour solliciter notre bienveillance en faveur du Sud, c'est qu'il vient d'améliorer les institutions fédérales. — Or, sait-on en quoi consiste cette amélioration prétendue? Le Sud n'a pas craint d'écrire en propres termes, dans sa loi fondamentale, ce qu'on n'avait osé écrire nulle part avant lui, *la garantie constitutionnelle de l'esclavage*. L'esclavage, d'après la constitution du Sud, ne pourra être ni supprimé ni attaqué. L'esclavage sera l'arche sainte qu'on ne regarde que de loin et avec respect; il sera la pierre angulaire qu'il est défendu de toucher. A côté de cela, le Sud proclame à grand bruit la liberté de la parole, celle de la presse, celle de la discussion sous toutes les formes! On sera libre de parler, mais à la condition de n'aborder ni de près ni de loin aucun des sujets qui se rattachent à l'esclavage (et tout s'y rattache dans le Sud). On sera libre d'imprimer, mais à la condition de ne livrer au public aucun écrit quelconque qui aille supposer la liberté naturelle des hommes, l'unité de notre espèce, la sainteté des liens de famille, les grands principes en un mot dont « l'institution patriarcale » fait litière. On sera libre de discuter, mais à la condition de ne pas inquiéter cette institution, fort peu patiente de sa nature et qui le sera moins que jamais, à présent qu'elle se sentira cernée et menacée de partout. Elle sera à elle seule, qui ne l'a compris? la constitution entière du Sud; cet article-là dévorera les autres; à défaut des législatures et des tribunaux, les populaces du Sud savent comment s'y prendre pour donner force à la garantie de l'esclavage et pour restreindre la liberté de la parole, de la presse, de la discussion.

Il est vrai que les habiles patrons de la révolte carolinienne ont un troisième argument à leur service, et ce n'est pas le moins spécieux. — Tout est terminé, s'écrient-ils, il n'y a plus à soutenir personne, il n'y a plus à témoigner de sympathies; dans quatre jours, la paix sera faite, la nouvelle Confédération sera reconnue par Lincoln en personne, un traité de commerce la liera même aux États-Unis; c'est une affaire finie.

C'est une affaire qui commence à peine, répondrons-nous; il faudrait être aveugle pour ne pas le voir. Ce qui va finir peut-être, c'est la première escarmouche. Quant à la guerre, elle sera longue, vous pouvez m'en croire, aussi longue que la vie des deux principes qui sont aux prises en Amérique. Que M. Lincoln se le dise et que les adversaires de l'esclavage en Europe ne l'oublient pas non plus, il y aura à combattre, à persévérer. Jamais lutte plus colossale et plus opiniâtre ne fut engagée ici-bas. Plusieurs des États limitrophes ne tarderont pas à élever des prétentions auxquelles se joindront des menaces de scissions nouvelles; ils soulèveront encore la question des territoires, ils proposeront des compromis. Qui sait? ils aspireront peut-être à établir, dans l'intérêt de l'extrême Sud, l'extradition des esclaves sortis de la Confédération rivale. Qui sait encore? ils tenteront peut-être de restaurer leur traite intérieure avec Charleston et la Nouvelle-Orléans.

Ce n'est pas tout : le moment viendra où l'extrême Sud, incapable de supporter l'existence qu'il vient de se faire, demandera à rentrer au sein de l'Union. Il voudra dicter ses conditions alors; il proposera l'élection de quelque convention générale chargée de remanier la constitution des États-Unis; il fera appel à l'égoïsme des uns, à l'ambition ou même au patriotisme des autres, présentant à leurs regards le rétablissement de cette grandeur commune que la séparation avait compromise. Quel motif pour voiler un moment les principes! quelle tentation de rentrer dans la voie fatale dont on vient enfin de sortir!

Je sais fort bien qu'on ne saurait y rentrer complétement désormais; pourtant la vigilance de M. Lincoln ne cessera pas d'être nécessaire, et ce qui ne sera pas moins nécessaire, c'est l'appui moral que nous sommes tenus de lui prêter aux heures de succès et aux heures de découragement, dans la bonne et dans la mauvaise réputation. Où trouver une cause plus belle que celle-ci? malgré cet alliage impur qui s'attache à elle, bien entendu, comme à toutes les belles causes sans exception, n'est-elle pas faite pour remuer les cœurs généreux? Déjà, grâce à la défaite du parti démocratique, les États-Unis que nous connaissions, ceux des dix dernières années, ceux que le Sud gouvernait à la baguette, ceux dont l'esclavage abaissait et corrompait les institutions, ceux dont la politique était consacrée à l'extension de l'esclavage, ceux qui comptaient dans le Nord et dans le Sud tant de fortunes ouvertement fondées sur le commerce des esclaves, ceux qui avaient vu figurer parmi leurs présidents un marchand d'esclaves poursuivant ses opérations au vu et au su de tout le monde, ces États-Unis-là viennent de finir, ils sont entrés dans le domaine de l'histoire, leur disparition a été constatée par la retraite de l'extrême Sud.

Maintenant le peuple américain travaille à se relever. Entreprise aussi difficile que glorieuse! Quelle que soit l'issue du premier conflit, ce n'est là que le premier conflit. Il y en aura bien d'autres, le relèvement d'un grand peuple n'est pas l'affaire d'un jour. Tantôt en paix, tantôt en guerre peut-être avec les États qui prennent en main la cause de l'esclavage, la Confédération américaine verra se développer les unes après les autres les conséquences que doit produire cet événement décisif, l'élection de M. Lincoln. Ayant rompu avec le passé, elle aura à entrer toujours plus avant dans les voies de l'avenir. Or, nous l'avons vu, quelle que soit l'hypothèse qui se réalise parmi celles qu'il nous est donné de prévoir, la cause de l'esclavage est destinée à subir défaites sur défaites. Elle a cessé de grandir, elle va décroître, décroître par la séparation, décroître par l'union, décroître par la paix, décroître par la guerre. Aussi vrai qu'il y aura des obstacles sans nombre à surmonter pour accomplir cette œuvre, aussi vrai cette œuvre s'accomplira. Certes, elle mérite d'être aimée et d'être soutenue, sans découragements et sans défaillances. L'Europe le comprendra.

En voyant son attitude, les champions passionnés de l'esclavage reconnaîtront sans doute qu'ils se sont trompés et qu'il est temps de refaire leurs calculs. Pour ce qui est des braves gens qui luttent dans le Nord, ils seront heureux d'apprendre que de ce côté de l'Atlantique on pense à eux. Ceci peut aider, et beaucoup, au rétablissement plus ou moins prochain de l'Union. Si les États du golfe savaient quel insurmontable dégoût va soulever ici leur confédération fondée pour assurer la durée et la prospérité de l'esclavage, si les États limitrophes savaient quelles sympathies ils acquerront en se tournant vers la liberté et quelles malédictions ils encourront en se déclarant contre elle, si les États du Nord savaient quel appui leur assure cette puissance, la première de toutes, qu'on nomme l'opinion publique, il est permis de croire que la crise actuelle marcherait vers une prompte et pacifique solution.

C'est une chose décidée que le XIX° siècle verra la fin de l'esclavage sous toutes ses formes, et malheur à qui s'oppose à la marche d'un tel progrès! Quel homme n'a été ému jusqu'au fond du cœur par cette pensée : le 4 mars, à l'heure même où M. Lincoln, en prenant possession de la

CONCLUSION. 405

présidence à Washington, signifiait au monde attentif les volontés d'une grande république déterminée à arrêter les conquêtes de l'esclavage, le chef généreux d'un grand empire signifiait à ses ministres sa volonté immuable de préparer l'émancipation des serfs. A de telles coïncidences qui ne reconnaîtrait le doigt de Dieu ! Aussi suis-je tranquille, les premières résistances russes ont échoué, les résistances américaines échoueront. Il y aura des résistances américaines ; il y en aura, il y en a déjà, dans l'entourage même et dans le cabinet du président. Nous venons de le voir, on cherche à énerver ses résolutions, à l'engager irrévocablement dans cette politique hésitante qui serait plus à craindre pour lui que les projets d'assassinat dont, à tort ou à raison, on a fait tant de bruit. Néanmoins ce mal-là a ses limites marquées d'avance, celui que Dieu garde est bien gardé. Si vous voulez savoir ce que sera, en fin de compte, la présidence de M. Lincoln, voyez de quelle façon et sous quels auspices elle a été inaugurée, écoutez ces paroles qui sortent de la bouche du nouveau chef d'État à l'heure où il quitte sa ville natale : « La tâche qui m'est échue est plus grande peut-être que celle d'aucun autre président depuis Washington... J'espère que vous, mes amis, vous prierez tous pour que je reçoive cette assistance d'en haut sans laquelle je ne puis atteindre le but, mais avec laquelle le succès est certain. »

« Oui, oui, nous prierons pour vous ! » Telle fut la réponse des habitants de Springfield qui, en larmes, tête nue, assistaient au départ de leur concitoyen. Quel début de gouvernement ! Y a-t-il eu beaucoup d'inaugurations ici-bas qui aient eu cette pénétrante solennité ? Les uniformes. les plumets, les coups de canon, les arcs de triomphe, les vagues appels à la Providence valent-ils ces simples paroles : « Priez pour moi! — Nous prierons pour vous. » Ah! courage, Lincoln! les amis de la liberté et de l'Amérique sont avec vous. Courage! vous tenez dans vos mains les destinées d'un grand principe et celles d'un grand peuple. Courage! vous avez à résister à vos amis et à tenir tête à vos ennemis, c'est la condition de quiconque veut faire le bien ici-bas. Courage! vous en aurez besoin demain, dans un an, jusqu'au bout; vous en aurez besoin dans la paix comme dans la guerre; vous en aurez besoin pour ne laisser compromettre ni dans la paix ni dans la guerre ce noble progrès que vous avez charge d'accomplir, plus de conquêtes de l'esclavage. Courage! votre rôle, comme vous l'avez dit, peut n'être inférieur à aucun autre, pas même à celui de

Washington ; relever les État-Unis ne serait pas moins glorieux que de les avoir fondés.

C'est de loin sans doute que nous exprimons ces sympathies ; mais il est des choses qu'on juge mieux de loin que de près ; l'Europe est bien placée pour apprécier la crise actuelle. L'opinion de la France, en particulier, doit avoir quelque poids aux États-Unis ; indépendamment de nos vieilles alliances, nous sommes peut-être la nation la plus intéressée au succès de la Confédération. Ce sont des voix amies qui, ici et ailleurs, dans nos revues et dans nos journaux, vont lui porter l'expression cordiale de nos vœux. En souhaitant le triomphe final du Nord, nous souhaitons le salut du Nord et du Sud, leur grandeur commune et leur durable prospérité.

Mais le Sud nous inquiète, nous ne saurions le dissimuler. Il est dans de bien mauvaises mains! Une sorte de terreur y règne, les hommes importants et modérés sont forcés de courber la tête ou sentent qu'il faudra bientôt la courber. Les planteurs doivent voir déjà qu'en cherchant à éloigner d'eux ce qu'ils appelaient le joug du Nord, ils se sont préparé d'autres maîtres. Les affaires sont suspendues, l'argent manque pour les cultures, les crédits sont refusés de partout, la récolte prochaine risque d'être compromise, les emprunts qu'on essaye d'émettre ne trouvent pas de preneurs en dehors de l'extrême Sud. Restent les ressources révolutionnaires, et on ne s'en fait pas faute.

Quelle situation! Au-dessous de cette constitution votée il y a un mois à peine, on sent déjà gronder sourdement la querelle des classes, des planteurs et des petits blancs, de l'aristocratie et de la majorité numérique, des adversaires prudents de la traite et de ses partisans fougueux, des hommes d'État que l'on tolère pour la bonne façon et de ceux qui comptent bien les remplacer, du présent et de l'avenir.

On en viendra quelque jour à y voir clair, même à Charleston. La séparation, qui devait fonder les prospérités du Sud en lui permettant de vivre enfin à sa guise, d'obéir à son génie et de servir ses intérêts, n'a guère eu d'autre résultat jusqu'ici que de faire chanter la nouvelle *Marseillaise* (la *Marseillaise* de l'esclavage!) et de faire abattre la bannière fédérale devant le drapeau du pélican ou devant le drapeau orné du serpent à sonnettes. On vend beaucoup de rubans bleus et beaucoup de revolvers Colt; on promène à grand bruit les bustes de Calhoun, ce premier théoricien de la séparation. Puis, pour se donner bon air aux yeux de l'Europe, on vote en hâte une constitution, on forme un gouvernement, on lève une armée; mais le fond révolutionnaire demeure, et l'on ne reconnaîtra que trop vite jusqu'à quel point le désordre s'est mis dans les idées et dans les faits.

A l'heure qu'il est, la démocratie du Sud achève de dégénérer en démagogie et en dictature. Mais le Nord présente un tout autre spectacle. Regardez ce qui s'y passe, percez au delà des apparences, au delà des fautes inévitables, au delà des hésitations non moins inévitables d'un début si bien préparé par la précédente administration, vous trouverez la ferme résolution d'un peuple qui se relève. Que nous parle-t-on de la fin des États-Unis! Cette fin semblait approcher naguère, à l'heure des prospérités; alors l'honneur était compromis, l'estime du pays baissait, les institutions se corrompaient à vue d'œil, le moment semblait approcher où la Confédération, identifiée avec l'esclavage, ne pourrait plus que succomber avec lui. Maintenant tout a changé d'aspect, les amis de l'Amérique doivent prendre confiance, car sa grandeur est inséparable, Dieu merci, de la cause de la justice.

Justice ne peut mal faire; j'aime à me rappeler cette maxime quand je considère la situation présente de l'Amérique. En échappant à une mort certaine et honteuse, elle n'échappera assurément pas aux luttes et aux difficultés; en rentrant dans la vie, elle va rencontrer, et pour bien plus longtemps qu'on ne l'imagine, la bataille et le péril : la vie se compose de cela. C'est un métier laborieux de vivre, et les peuples qui veulent tenir leur place ici-bas, qui veulent agir et non sommeiller, doivent savoir qu'ils auront leur part de souffrances. Peut-être entre-t-il dans les plans de Dieu que les États-Unis subissent pour un temps quelque diminution de leur grandeur; qu'ils le sachent bien cependant, leur drapeau ne sera ni moins respecté, ni moins glorieux parce qu'il aura perdu quelques-unes de ses étoiles. Celles qu'il aura perdues y reparaîtront un jour, et combien d'autres, en attendant, viendront accroître la constellation fédérale ! De quelles acclamations l'Europe saluera les progrès futurs des États-Unis, dès que leurs progrès auront cessé d'être ceux de l'esclavage !

A présent, il s'agit de liquider une mauvaise affaire. L'instant de la liquidation est toujours pénible; mais, lorsqu'elle est terminée, le crédit renaît. Ainsi en sera-t-il en Amérique. On a souvent vanté l'énergique sang-froid de ses négociants; sont-ils ruinés, ils ne se lamentent ni ne se découragent : c'est une fortune à refaire. De même, à mettre les choses au pis, à supposer que la crise actuelle doive se comparer à une ruine, c'est une nation à refaire, on la refera. — « Messieurs, disait naguère M. Seward, en achevant son grand discours au sein du Congrès, si cette Union était aujourd'hui brisée par l'esprit de faction, elle se reformerait demain dans ses proportions majestueuses. »

FIN.

TABLE DES MATIÈRES.

	Pages.
CHAPITRE Ier	
L'esclavage américain............................	11
CHAPITRE II	
Où l'on allait avant l'élection de M. Lincoln..........	23
CHAPITRE III	
Ce que signifie l'élection de M. Lincoln................	47
CHAPITRE IV	
Ce qu'il faut penser des États-Unis....................	75
CHAPITRE V	
Les Églises et l'esclavage............................	107
CHAPITRE VI	
L'Évangile et l'esclavage............................	141
CHAPITRE VII	
La crise actuelle...................................	167
CHAPITRE VIII	
Conséquences probables de la crise...................	224
CHAPITRE IX	
Coexistence des deux races après l'émancipation........	303
CHAPITRE X	
La crise actuelle relèvera les institutions des États-Unis..	353
Conclusion..	383

F. Aureau. — Imprimerie de Lagny

CALMANN LÉVY, ÉDITEUR

OUVRAGES
DE
M. LE Cᵀᴇ AGÉNOR DE GASPARIN

	FR. C.
UN GRAND PEUPLE QUI SE RELÈVE, 5ᵉ édition. Un vol. grand in-18	1 25
L'AMÉRIQUE DEVANT L'EUROPE. — PRINCIPES ET INTÉRÊTS, 2ᵉ édition. Un vol. grand in-18	1 25
LE BONHEUR, 7ᵉ édition. Un vol. grand in-18	1 25
LA CONSCIENCE, 4ᵉ édition. Un vol. grand in-18 . . .	3 50
L'EGALITÉ, 4ᵉ édition. Un vol. grand in-18	1 25
LA FAMILLE, ses devoirs, ses joies et ses douleurs, 10ᵉ édition. Deux vol. grand in-18	2 50
LA FRANCE, nos fautes, nos périls, notre avenir, 4ᵉ édit. Deux vol. grand in-18	7 "
INNOCENT III, 4ᵉ édition. Un vol. grand in-18 . . .	4 25
LUTHER ET LA RÉFORME AU XVIᵉ SIÈCLE, 5ᵉ édition. Un vol. grand in-18	1 25
LA LIBERTÉ MORALE, 4ᵉ édition. Deux vol. gr. in-18 .	3 50
LE BON VIEUX TEMPS, 3ᵉ édition. Un vol. grand in-18.	3 50
L'ENNEMI DE LA FAMILLE, 4ᵉ édit. Un vol. grand in-18.	1 "
LES ECOLES DU DOUTE ET L'ECOLE DE LA FOI, 3ᵉ édit. Un vol. grand in-18	1 25
PENSÉES DE LIBERTÉ, 3ᵉ édition. Un vol. grand in-18 .	3 50
PAROLES DE VÉRITÉ, 2ᵉ édition. Un vol. grand in-18	1 "
LA DÉCLARATION DE GUERRE, 2ᵉ édition. Brochure .	" 50
LES RÉCLAMATIONS DES FEMMES, 3ᵉ édition. Brochure	1 "
LA RÉPUBLIQUE NEUTRE D'ALSACE, 2ᵉ édit. Brochure.	
APPEL AU PATRIOTISME ET AU BON SENS. Brochure	

***

BANDE DU JURA. — Les Prouesses, 3ᵉ édition. Un volume gr. in-18	3 50
— Premier voyage, 2ᵉ édition. Un vol. gr. in-18	
— Chez les Allemands.—Chez nous. 1ʳᵉ édit. Un vol. grand in-18	
— A Florence. 2ᵉ édit. Un vol. grand in-18	
AU BORD DE LA MER, 2ᵉ édition. Un vol. gr. in-18 .	
CAMILLE, 3ᵉ édition. Un vol. grand in-18 . . .	
A CONSTANTINOPLE, 3ᵉ édition. Un vol. grand in-18.	
A TRAVERS LES ESPAGNES, 2ᵉ édition. Un vol. gr. in-18	
LES HORIZONS CÉLESTES, 9ᵉ édition. Un vol. gr. in-18	
LES HORIZONS PROCHAINS, 8ᵉ édition. Un vol. gr. in-18	
VOYAGE AU LEVANT, 3ᵉ édition. Deux vol. grand in-18	
LES TRISTESSES HUMAINES, 5ᵉ édition. Un vol. gr. in-18	
VESPER, 4ᵉ édition. Un vol. grand in-18	

www.ingramcontent.com/pod-product-compliance
Lightning Source LLC
Chambersburg PA
CBHW060541230426
43670CB00011B/1649